改革开放进程中的经济学家学术自传

张卓元　高培勇　主编

杨瑞龙学术自传

杨瑞龙◎著

ACADEMIC AUTOBIOGRAPHY OF YANG RUILONG

SPM
南方出版传媒
广东经济出版社
·广州·

图书在版编目（CIP）数据

杨瑞龙学术自传／杨瑞龙著. —广州：广东经济出版社，2020.12

（改革开放进程中的经济学家学术自传）

ISBN 978-7-5454-7265-3

Ⅰ. ①杨… Ⅱ. ①杨… Ⅲ. ①杨瑞龙—自传 ②经济—文集 Ⅳ. ①K825.31 ②F-53

中国版本图书馆CIP数据核字(2020)第106207号

出 版 人：李　鹏

策划编辑：周　晶

责任编辑：周伊凌

责任技编：陆俊帆

责任校对：杨　蕾

杨瑞龙学术自传

YANGRUILONG XUESHU ZIZHUAN

杨瑞龙　著

出　版 发　行	广东经济出版社（广州市环市东路水荫路11号11～12楼）
经　销	全国新华书店
印　刷	恒美印务（广州）有限公司 （广州市南沙经济技术开发区环市大道南路334号）
开　本	787毫米×1092毫米　1/16
印　张	12.75
字　数	141千字
版　次	2020年12月第1版
印　次	2020年12月第1次
书　号	ISBN 978-7-5454-7265-3
定　价	98.00元

广东经济出版社网址：http://www.gebook.com 微博：http://e.weibo.com/gebook

图书营销中心地址：广州市环市东路水荫路11号11楼

电话：（020）87393830　邮政编码：510075

如发现印装质量问题，影响阅读，请与本社联系

广东经济出版社常年法律顾问：胡志海律师

《改革开放进程中的经济学家学术自传》丛书

编辑委员会

《改革开放进程中的经济学家学术自传》丛书
分册名录

（按姓氏音序排列）

1.《白重恩学术自传》
2.《蔡昉学术自传》
3.《常修泽学术自传》
4.《陈东琪学术自传》
5.《陈锡文学术自传》
6.《迟福林学术自传》
7.《樊纲学术自传》
8.《范恒山学术自传》
9.《房维中学术自传》
10.《高培勇学术自传》
11.《高尚全学术自传》
12.《郭克莎学术自传》
13.《洪银兴学术自传》
14.《黄达学术自传》
15.《黄群慧学术自传》
16.《贾康学术自传》
17.《江小涓学术自传》
18.《金碚学术自传》
19.《李实学术自传》
20.《李晓西学术自传》
21.《厉以宁学术自传》
22.《林兆木学术自传》
23.《刘诗白学术自传》
24.《刘世锦学术自传》
25.《刘树成学术自传》
26.《刘伟学术自传》
27.《马建堂学术自传》
28.《彭森学术自传》
29.《宋晓梧学术自传》
30.《田国强学术自传》
31.《王梦奎学术自传》
32.《王一鸣学术自传》
33.《魏杰学术自传》
34.《魏礼群学术自传》
35.《乌家培学术自传》
36.《吴敬琏学术自传》
37.《杨瑞龙学术自传》
38.《张军学术自传》
39.《张军扩学术自传》
40.《张晓山学术自传》
41.《张燕生学术自传》
42.《张宇燕学术自传》
43.《张卓元学术自传》
44.《赵人伟学术自传》
45.《郑新立学术自传》
46.《周叔莲学术自传》

总　　序

Preface

盛世出华章。中国的改革开放是一场波澜壮阔、前无古人的伟大社会变革，也将是世界经济发展史上的瑰丽篇章。中国经济学家在这场伟大变革中，或贡献了智力，或参与了实践，无论是参政建言还是学术构建，均厥功甚伟。

在我们先后迎来改革开放40周年和中华人民共和国成立70周年之际，为了记录并彰显中国经济学家的历史贡献，为中国特色社会主义事业进一步发挥智慧的力量和作用，同时借以勉励后学筑梦前行，我们组织并编辑了这套《改革开放进程中的经济学家学术自传》丛书。

这套丛书的出版设想，最初由广东经济出版社提出。在此之前，得力于中国社会科学院经济研究所张卓元教授等的大力支持，该社曾于2009年编辑出版《影响新中国60年经济建设的100位经济学家》丛书。那套丛书产生了良好的社会反响，也获得了较高的学术评价。弹指一挥间，又是一个十年，共和国迎来了70华诞，改革开放也逾40周年。在这样一个特殊的背景下，广东经济出版社邀请张卓元教授和高培勇教授牵头，由《经济研究》编辑部具体负责，组织、编辑一套集中反映改革开放进程中的经济学家学术探索和心路历程的丛书。

认识到这是一件颇具眼光、很有意义的事情，于是，便有了读者眼前这套《改革开放进程中的经济学家学术自传》丛书编辑出版工作的启动。

中国经济改革与发展的伟大实践，为中国经济学家的成长提供了肥沃的土壤。要从这些灿若繁星的经济学家中推选出大家比较公认的富有影响力的经济学家，并不容易。怎样推选？推选多少？具体标准是什么？如何约稿？丛书的体例又该如何把握？这一系列相关问题接二连三地提至我们面前。

为此，在初步拟订编辑出版方案的基础上，由张卓元教授和高培勇教授主持，邀请部分专家召开了小范围的论证会议，就组建丛书编辑委员会以及丛书编辑出版的一系列相关问题听取意见，进一步完善方案。

紧跟着，2017年6月25日，丛书编辑委员会会议在北京举行。出席会议的委员共有19位（按姓氏音序排列）：白重恩、常修泽、陈东琪、陈锡文、迟福林、高培勇、郭克莎、黄群慧、金碚、李晓西、刘伟、彭森、宋晓梧、田国强、魏礼群、吴敬琏、张军扩、张燕生、张卓元。因故请假、提供书面意见的委员有10位（按姓氏音序排列）：蔡昉、曹远征、贾康、李实、李扬、厉以宁、林毅夫、刘世锦、钱颖一、张军。

这次编辑委员会会议就如下一些重要问题形成了高度共识：

第一，关于丛书的意义。委员们高度认可丛书的编辑出版工作，认为这是一项富有重要历史和现实意义的出版工程。

第二，关于丛书入选者的标准和数量。委员们认为应本着宁缺毋滥、质量为先原则，以对改革开放事业的某个特定领域做出实质性贡献或产生实质性影响的经济学家为重点，入选者宜掌握在60位左右。

第三，关于丛书的体例。基于凸显学术价值和史料价值的考虑，委员们认为学术自传宜涵盖作者的学术成长历程、作者对改革开放事业某个特定领域的研究成果和学术贡献、作者对特定领域改革前景的展望等方面内容。

第四，关于丛书的读者对象。委员们认为应主要面向青年学者以及学生，谈人生经验、述理想情怀，激励广大青年学者和学生确立奋斗的目标、发展的方向和成功的路径。

第五，关于丛书的文风。委员们主张学术自传应具有较强的理论性、学术性，同时文笔流畅、深入浅出，具有一定的可读性。

在经过充分讨论形成的候选经济学家名单基础上，与会委员按照获得半数以上多数票入选的规则，以无记名投票方式表决确定了65位入选者。

会议还决定，请因故请假的委员继续对候选经济学家名单通讯投票，并根据此项流程的统计结果，提请全体编辑委员会委员再进行一次通讯评审，最终确定丛书入选者为68位。

由此产生的《改革开放进程中的经济学家学术自传》丛书入选作者为（按姓氏音序排列）：白重恩、蔡昉、曹远征、常修泽、陈东琪、陈清泰、陈锡文、迟福林、樊纲、范恒山、房维中、高培勇、高尚全、郭克莎、郭树清、韩俊、洪银兴、华生、黄达、黄群慧、贾康、江小涓、金碚、李剑阁、李京文、李实、李晓西、李扬、厉以宁、林毅夫、林兆木、刘国光、刘鹤、刘诗白、刘世锦、刘树成、刘伟、隆国强、楼继伟、马建堂、彭森、钱颖一、宋晓梧、田国强、王梦奎、王一鸣、魏杰、魏礼群、乌家培、吴敬琏、吴晓灵、杨启先、杨瑞龙、易纲、余永定、张军、张军扩、张维迎、张晓山、张燕生、张宇燕、张卓元、赵人伟、郑新立、周其仁、周叔莲、周小川、朱玲。

在确定入选者名单之后，《经济研究》编辑部立即展开了组稿工作，共有46位入选者接受约稿。在这一过程中，入选的经济学家或其家属、秘书、好友等，对我们的工作给予了热情的支持，在百忙之中积极准备所需要的文献，其认真精神令人感动。应该说，没有他们的积极响应和大力支持，这套丛书是难以按时按质完成的。

由于入选的经济学家大多是名人、忙人，有一部分老作者也已年届九十高龄，约稿的工作量及其难度可想而知。一些作者提出暂不能写作，这多少令我们感到些许遗憾。其间也有许多感人的情景要告诉读者们：常修泽先生于2018年夏天在吉林延边的一个小镇闭门两三个月专事自传写作，在整个写作过程中数十次与编辑部和出版社沟通，包括内容完善、结构设计和一些合理性建议等诸多细节，并且在约定期限内交稿给编辑部；九十五岁高龄的黄达教授在写作过程中十余次通过电话或电子邮件与编辑部讨论写作重点和风格；乌家培、林兆木、王梦奎等老先生也是不厌其烦，反复就文字沟通润色；周叔莲先生在去世前一周还给编辑部打电话，告诉编辑自己已经基本完成了书稿的写作，并详细介绍了自己的写作过程和感想，我们至今忆此仍为之动容。在这些难得的沟通中，我们一次次被感动。

随着此套丛书的陆续编辑出版，我们越来越强烈地体会到了这项工作的意义和价值:

入选这套丛书的作者，系改革开放进程中的经济学家，他们的知名度较高，社会影响较大。这套自传体丛书，是对他们的代表性研究成果、学术贡献、成长历程及人格魅力的一个集中展示。对于广大读者特别是青年学子来说，这无疑是一个难得的学习、了解我国经济理论和现实问题的机会。

这些经济学家在各自的学术领域都是佼佼者或领军者，他们学术素养深厚、学术成就卓越。他们在自传中大多以第一人称娓娓道来，讲述了自己的家国情怀与学术成长经历，为记录我国改革开放历程留下了第一手资料。从经济史和思想史的角度看，这应该是非常有史料价值的研究文献。

众多大家的纸上风华，既映射出中国改革开放40多年取得的巨大成就，也是对中国改革与发展经验比较系统的总结。正如习近平总书记所指出的:“从我国改革发展的实践中挖掘新材料、发现新问题、提出新观点、构建新理论，加强对改革开放和社会主义现代化建设实践经验的系统总结，加强对发展社会主义市场经济、民主政治、先进文化、和谐社会、生态文明以及党的执政能力建设等领域的分析研究，加强对党中央治国理政新理念新思想新战略的研究阐释，提炼出有学理性的新理论，概括出有规律性的新实践。这是构建中国特色哲学社会科学的着力点、着重点。”应该说，本套丛书的作者们用生动而精彩的人生与学术追求，践行了这一重要要求。

这套丛书的编辑出版与《经济研究》编辑部各位同仁的努力也是分不开的。他们通过电话、短信和邮件等方式不断地与作者或其家人、秘书等进行沟通。参加组稿和审稿工作的人员有:郑红亮、刘霞辉、张永山、唐寿宁、王利娜、谢谦、金成武、孙三百、陈小亮、欧宏、王红梅、刘莹、曹帅。

广东经济出版社的领导和编辑在本丛书的出版过程中也做了大量的工作，正是有了他们的努力，这套丛书才能得以顺利与读者见面。

特别值得一提的是，这样一套组织工作浩繁的大型丛书，见证了《经济研究》编辑部与广东经济出版社值得称道的团队合作精神。编辑部的张永山、王红梅同志和广东经济出版社的编辑团队从始至终为丛书的组织沟通、约稿、文稿整理付出了大量的心血，他们的耐心和一丝不苟的敬业精神令人称道。

这套丛书就此付梓了，回望中国改革开放的辉煌岁月，携手丛书作者对祖国的拳拳心路与期待，我们略感欣慰！但由于时间仓促，加之我们的水平有限，书中的不足和错误之处在所难免，敬请广大读者批评指正。

《改革开放进程中的经济学家学术自传》丛书编辑委员会

2019年10月

作者简介

杨瑞龙

1957年5月生，江苏昆山人。1990年7月毕业于中国人民大学，获经济学博士学位。

杨瑞龙曾赴澳大利亚昆士兰大学、丹麦奥登塞大学访问研修，是中国人民大学一级教授、教育部“长江学者奖励计划”特聘教授。曾于2002—2014年任中国人民大学经济学院院长，现任中国人民大学校务委员会副主任，兼任第七届国务院学位委员会理论经济学学科评议组成员、教育部经济学教学指导委员会副主任委员、北京市经济学总会常务副会长、上海市政府决策咨询专家、多所大学的兼职教授等职。先后被选拔为国家人事部“百千万人才工程”第一、第二层次人选，教育部“跨世纪优秀人才培养计划”人选，北京市“有突出贡献的科学、技术、管理专家”，获北京市“优秀共产党员”与“优秀教师”称号，获教育部高校青年教师奖。两度作为博士生导师指导学生获得全国优秀博

士学位论文奖，两次获得国家级优秀教学成果一等奖。自1996年起享受国务院政府特殊津贴。

主要研究领域：社会主义经济理论、制度经济学、企业理论、非均衡经济学等。已出版《宏观非均衡的微观基础》《现代企业产权制度》《企业的利益相关者理论及其应用》《国有企业治理结构创新的经济学分析》等多本专著，在《经济研究》《中国社会科学》等重要学术期刊上发表学术论文200余篇。曾获经济学最高奖——第八届和第十届孙冶方经济科学论文奖，第三届中国高校人文社会科学研究优秀成果一等奖，第四届、第七届中国高校人文社会科学研究优秀成果三等奖，北京市第三届、第四届、第六届、第七届、第八届哲学社会科学优秀成果一等奖，第四届吴玉章人文社会科学优秀奖等奖项。杨瑞龙所提出的双层股份制模式、重构宏观非均衡的微观经济学分析基础、国有企业分类改革战略、利益相关者合作逻辑与共同治理、我国制度变迁方式转换的三阶段论假说等在学术界产生了广泛的影响，成果被引用率和被转载率较高。此外，杨瑞龙还被《中国市场》评为“影响中国市场的25位经济学家”之一。

目录

壹

学术自传

一　一条特殊背景下的求学之路

我出生在一个具有2000多年历史的江南古镇——江苏省昆山市千灯镇。以一句“天下兴亡，匹夫有责”名闻天下的明末清初的伟大思想家顾炎武先生的古宅就是我儿时常去“躲猫猫”的地方，我的中学校园内就有顾先生的衣冠冢。元末明初时期的顾坚先生就在古镇上创造了“百戏之王”——昆曲。古镇一派小桥流水人家的江南景象，清清的小河、弯弯的石拱桥、长长的石板街、面街临河的白墙黑瓦的小楼房，再加上千年的古塔与银杏树，好像千年以来就一直保持着这样平和、缓慢的生活节奏。

然而，出生于20世纪50年代后期的我从懂事起就时常处于饥饿状态之中，身上穿的是哥哥姐姐传下来的破旧衣服。父亲是一名医生，是家里的顶梁柱，对子女非常严厉，从来说一不二。也许是因为生活和工作的压力，父亲脸上很少浮现笑容。母亲非常和善，尽管生活非常艰难，但我们很少看到母亲愁眉苦脸。家里子女6个，我排行最末。常常到月末米缸空了，但钱已经用完了，可母亲总能凭借很好的人缘借到钱去买米，让我们不至于挨饿。母亲口才好，成语、歇后语常脱口而出，谈家常就像讲故事，邻居都喜欢找我母亲拉家常。我小时候在本子上记了很多成语、歇后语，还常常在作文中使用。

尽管小时候穷，但我很爱看书。小学认字不多的时候，我对小学旁边的租书摊就情有独钟，母亲给我的零花钱大多花在租小人书上了。随着识字量的增多，古塔边小小的新华书店就成为我少年时期心中的圣殿。尽管书店里书的品种不算丰富，但它们也为我打开了观察外部世界的窗口，留给我无限遐想的空间。我多想拥有那一本本现在看来不算贵的书，然而父母微薄的收入连过日子都入不敷出，哪有多余的钱给我买书。每当我提出无理的买书要求时，善良的母亲总是无奈地抚摩着我的头说："你是要吃饭呢，还是要买书？"于是，我只能知趣地走开。我除了把平时的零花钱和过年时的压岁钱积攒起来买书外，还想出了一个"歪"点子，那就是在母亲让我买米时，该买30斤我就买25斤，该买20斤我就只买15斤，把扣下来的买米钱用来买书。我的这个小秘密最终还是被我母亲发现了，结果当然是免不了挨一顿揍。小时候因为穷，我常常穿着打了补丁的衣服，因此总有些自卑。但考试是我获得尊严的最好途径，因为我的考试成绩经常是年级第一名，所以当时让我最得意的事就是考试。

尽管从小就喜欢读书，但我的求学生涯并不顺利。我刚读小学二年级就爆发了"文化大革命"，直到1975年我高中毕业，"文化大革命"还没有结束。每学期的学工、学农、学军活动几乎占用了一半的教学时间，在我的印象中，很少有把全本教材都教完的时候，教材的

成长于江南千年古镇的青涩少年

后半部分几乎没有被翻过，导致在“文化大革命”时期毕业的学生，其知识结构大多是支离破碎的。

不幸之中的大幸是，在那个年代我遇到了许多对我关爱有加的好老师，特别是我中学时期的老师。记得在我读初一的时候，尽管我的成绩是全年级第一，但进驻学校的工人宣传队认为我的出身不好，硬是剥夺了我的“三好学生”称号，这让我极其郁闷。教英语的班主任马梅珍老师约我晚上到学校的操场上陪她散步。那天晚上，马老师给了我很多叮咛、期望与鼓励，她叫我不要被暂时的挫折压弯了腰，要相信是金子迟早会发光的，要把命运掌握在自己的手里，只要自己不放弃就会有成功的希望。在马老师的鼓励下，我重新振作起来。在上高中期间教数学的张炳生老师对我的影响也不小。张老师毕业于著名学府南京大学，他不理会当时教师无心教、学生无心学的氛围，仍然非常严格地抓教学质量。他的数学课讲得特别好，既严谨又生动，让人觉得在数学王国里漫游是那么的美妙。后来我在恢复高考的数学考试中能与老三届的考生有得一拼，而且我在经济学研究中对数学分析工具不太陌生，很大程度上是得益于张老师的真传。毕业于同济大学的彭玉龙老师教物理也很有一套，他把抽象的物理课讲得很生动，他讲的力学我至今还有很深的印象。彭老师还常常让我做他教学上的小助手，这让我对物理课有了进一步的认识。彭老师兼任学校的团委书记，在他的帮助下，我这个“出身不好”的同学在高一就加入了共青团，这在当时是非常不容易的。让我难忘的还有教语文的徐永明老师。徐老师不仅语文课讲得好，而且写作水平也很高，他创作的戏剧被专业剧团选用并到北京参加会演，最终还获了奖。徐老师的高明之处是把语文知识的传授与写作能力的提高有机结合起来，在徐老师的熏陶下，我不仅掌握了扎实的语文知识，而且对写作产生了浓厚的兴趣，我在高中时写的一个故事经他修改后还入选了苏州地区的《故事会》。

尤其让我感到幸运的是，我在上初中时正好赶上邓小平同志复出主政时期，学校开始全面抓教学质量，并一改过去初中升高中全凭推荐的方法，而是采取全县数学、语文统考的方式来排名次。正是凭借在统考中全校排名第一的成绩以及老师们的竭力推荐，我才有上高中的机会。如果没有那次上高中的机会，也就没有后来参加高考的机会。

我的求学生涯并不平坦，但有幸的是在那个年代里我遇到了仍然兢兢业业教书育人并且实力强劲的老师们，他们不仅没有歧视我这个"出身不好"的学生，还给了我许多温暖与鼓励，这培育了让我受益终身的品格与精神，那就是遇到困难从不低头的自强不息的精神，以及甘当"人梯"与"蜡烛"的从教精神。

二　一段难忘的知青经历

在我高中毕业后不久，在镇政府贴出的上山下乡红榜上有我的大名，我被落户到离古镇步行需要一个小时左右的知青点。我当然知道这对我来说意味着什么，然而我无法对抗命运的安排，因为从名单被张榜那天起，我的城镇户口就被吊销了，也就是说，我再也无法得到粮票、布票、油票等生活物资，只能乖乖地服从安排。记得1975年11月3日那天，在锣鼓声中我胸带红花、背着铺盖卷踏上了木船，心里却充满着惆怅与迷茫，不知道木船将把我摇向何方。

我们那时候已经不是单独到村里插队了，而是集体插队，即知青集中安置，由镇上一个挂钩企业派出干部带队，安置地被称为“知青点”。我们的知青点被安置在一块被两条小河包围的荒地上，后来在宿舍后面开垦土地不断刨出骷髅与尸骨时，驻点的老农才偷偷告诉我们，这里原来是一块坟地，在“农业学大寨”的热潮中被强行平整掉，因岁月久远，很多尸骨没有家属来收，从而散落在泥土中或被倾倒在小河中。知道这一秘密后，我们不禁毛骨悚然，以至于一到黑夜，我们就不敢单独到宿舍外的厕所去方便，野猫夜里嚎叫几声，就可能吓得我们一夜无法合眼。一年后我们才慢慢适应这有点恐怖的知青生活。

下乡后做的第一个农活就给了我一个下马威。那天驻点的老农让我跟他摇船到镇上去积肥，具体工作就是用粪桶把粪坑中的大粪装到粪槽里，让其淌到船上。由于我从来没有干农活的经验，淘粪时用力方式不对，粪桶在往上提的时候桶壁经常撞在水泥槽上，震出来的大粪泼了我一身，很快我浑身上下就淋了个透。到了中午在装满大粪的船上吃干粮，鼻子里根本闻不出臭味，只知道干粮很香。在“接受贫下中农再教育”的几年里，我在“广阔天地”里经受了考验。我曾跟随老农摇船到上海去运化肥，整整两天逆风逆水拉纤而上，体验到了纤夫的生活；曾在“双抢”大忙时节参加生产队劳动，通常早上5点不到伴着星星下地，晚上8点后披着月光回来，体会到什么叫作“披星戴月”，常常累得泥腿子都懒得洗，扒拉两碗饭就躺下呼呼大睡；曾在修筑大堤时，连续挑土两个多月，肩膀被扁担压肿和磨破了皮，疼得我不断地用手去摸，结果越摸越肿，越肿越摸，右肩膀上好像安了个馒头，穿了汗衫，明显右肩比左肩高，直到大学快毕业了，两个肩膀才差不多消退得一样平；曾在寒冬腊月大兴水利的日子里，连续挖掘河道一个月，几乎天天挑灯夜战，劳动强度极大，以至于一顿饭可以吃下将近2斤白米饭。由于我的劳动态度得到了大家的好评，下乡第二年我就被推选为知青点大组长，跨入了人民公社“三级干部”的行列。

含辛茹苦养育我长大的父亲和母亲

尽管知青生活是艰苦而又乏味的，但我从来没有放弃学习。每天辛苦劳动之余，我还保留着看书的习惯。那时候可看的书不多，基本上抓到什么就看什么，小说、历史、时事政治等各类书都看。同时，我还保留着对文学的热情，每当夜深人静的时候，伴随着宿舍后的虫鸣声，我尝试着学写小说、散文，还留下了不少习作。俗话说，机会是留给有准备的人的。一手拿锄头、一手拿书本的知青生活让我在恢复高考后很快就进入了迎考状态，洗洗泥腿子就进入了考场。

俗话说，好事多磨。说起我的高考，真是一言难尽。1977年第一次高考，由于担心被大家说“扎根”态度不坚定，我只是在考前十几天请假回家复习，翻出还没有被卖掉的中学课本看了几天就进入了考场，没有想到我与也在农村插队的哥哥同时过了录取分数线。可是高兴劲还没有过去，公社就派人通知了我父母一个无疑让我五雷轰顶的决定。公社领导说：“全公社通过高考分数线的总共只有几个人，其中就有出身于‘剥削阶级’家庭的你们家兄弟俩。如果让你家两个儿子都通过‘政治审查’，会让那些过去可以通过‘推荐上大学’的家庭不开心；如果把你家两个儿子都‘政审’掉，也不能体现‘可以教育好的子女’政策。”因此，公社决定要“政审”掉其中一个，究竟谁能通过“政审”由我父母决定。我父母考虑到我哥大我9岁，再通过高考走出农村将更加困难，因此决定把我“牺牲”掉。第一次的高考我就因“政审”不合格而“名落孙山”。好在时隔半年就迎来了1978年第二次高考，我擦干眼泪，打起精神，再次走进考场。上苍还是眷顾我这个历经磨难的学子的，又让我过了录取分数线。由于改革开放的春风已吹进了古镇，半年光景政策环境有了很大的改变，公社没有拦我，让我通过了“政审”关，最后拿到了大学录取通知书，终于圆了我的读书梦。

再回头看我的人生之路，那三年多的知青生活除了让我经历了很多磨难之外，还留给我许多宝贵的精神财富。我学会了吃苦，并在苦难与挫折中学会百折不挠，这对我以后勇敢面对事业与生活中的困难有着极大的帮助。每当在后来的人生道路上遇到困难与挫折时，我只要一想起那段知青生活，就会想到我连那段几乎是处于绝望之中的知青生活都能扛过去，还有什么难关是迈不过去的？于是便重整行装，抖擞精神，继续向远方的目标进发。我学会了体察民间疾苦，心中深藏着社会底层百姓，这对于我以后学好经济学很有帮助。在我插队的那段日子里，我知道了农民的所思所想，体察了农民处于一种什么样的生活状态，并与农民过着同样的生活。在后来学习与研究经济学的过程中，无论是阅读马克思主义经济学的经典著作，还是理解现代西方经济学，我都会在价值层面上维护占人口绝大多数的普通老百姓的利益，特别是在改革开放的过程中关注与保护社会底层百姓的利益。

三 一个一不留神迈入经济学殿堂的意外

“文化大革命”期间，“学会数理化，走遍天下都不怕”这句话不再灵验了，伴随着一个接一个的“运动”，学生也要没完没了地写“思想汇报”“学习体会”“小评论”“大批判稿”等，要“笔杆子”就成为一个很吃得开的本事，于是“重文轻理”逐渐成为学校里流行的风气。再加上我在初中与高中的求学期间都遇到了教语文的好老师，他们把我的写作热情调动起来了。由于作文成绩突出，我成了学校黑板报的主编，担任了学校文艺宣传队的常任首席编剧，写过对口词、群口词、三句半、小歌舞、小话剧等。最牛的是在我高中毕业的前夕，有一次我们千灯中学承办昆山县中学生文艺汇演，我们不仅拼下了汇演冠军，而且作为东道主还为兄弟学校的演出队招待演出了一场节目，两台节目完全不重复，并且招待演出也像比赛那样精彩，而我几乎包揽了两台节目的编剧工作。

在中学里激发出的对文学创作的浓厚兴趣让我走出校门后也没有放下手中的笔杆子，我成了当时标准的“文学青年”。即使赴农村成为知青并且每天都要干繁重的农活，我仍然趴在昏暗的灯光下辛勤笔耕，写了不少小说、散文等文学习作，然后偷偷地投稿。尽管屡投屡退，但我还是屡退屡投，乐此不疲，最终还是有若干作品变成了铅字。这种创作热情一直持续到高考。当时我参加高考的最大动力是想实现文学梦，未来当一个作家。于是我在两次填写高考志愿时，第一志愿都是中文系，如被录取，未来计划写现代小说；第二志愿都填历史系，如果读不了中文系，就去学历史，未来写历史小说。但是天不助我，由于小学、中学几乎都处于文化大革命期间，学业荒废导致我的基础知识非常薄弱，后来凭借一点“小聪明”和“临时抱佛脚”地看了几天书，总算在总分上超过重点录取线，虽然每门课都考及格了，但成绩没有特别突出。尤其让我郁闷的是主科目语文考砸了，可能记忆力还可以，政治科目考得不错，结果被当时的南京师范学院（附设在江苏省委党校）政治教育系（专业方向为政治经济学）录取了。收到录取通知书的那一刻，我的心里像打翻了五味瓶，既为由知青身份向大学生身份的转变感到兴奋，同时又为无法实现文学梦而感到懊恼。

迈入大学校门之后，不知学经济学有什么用的我仍然执迷于作家梦，去图书馆、书店都只看文学方面的书，甚至在课堂上也无心听讲，偷偷地看藏在书桌下的书。直到听了两门课并看了两本经济学的传世之作才改变了我对经济学的看法。一门课是资本论，由当时的学界大腕复旦大学经济系的洪远朋教授主讲。洪老师戴着一副深度近视眼镜，坐在讲台后，面前放着厚厚一沓手写的讲稿，一字一句地念讲稿，很少抬眼看大家，也基本没有语调的变化，与原来的中学老师的讲课风格大相径庭。刚开始我感到有点乏味，也有点发困，但听着听着就觉得好像喝了一碗酿得很醇的陈年老酒一样，回味无穷。洪老师在不紧不慢的语调中传递了一种我以前从来没有接触过的深邃思想，把我引进了一个藏宝窟，让我有一种迫不及待想进去探索一番的冲动。于是，我省下了几块钱到旧书店去买了三卷本的简装版《资本论》。一开始读得很费劲，基本上是一知半解，随着洪老师的慢慢解读，我逐渐开始理解马克思所要探讨的问题及所要达到的研究目标。只要你读懂马克思的著作，就一定会佩服马克思。《资本论》从抽象到具体丝丝入扣的逻辑推理让我觉得经济学是一门对人的智力具有很大挑战性的学科。马克思从商品开始，提出了劳动价值论，然后进一步创立了剩余价值理论，揭示了资本主义的基本矛盾，从而把人类社会的发展规律建立在严密的理论逻辑基础上，其严密的逻辑就像笋衣一样层层相扣，联系紧密，让人折服。读了《资本论》后我发现，学好经济学需要掌握科学的方法论，而这与哲学有很大关系，马克思首先是一个哲学家，后来才写出经济学的鸿篇巨制《资本论》。于是，我开始对哲学产生了兴趣，除了主修哲学原理外，我还学了中国哲学史、欧洲哲学思想史等哲学课程，后来在南京大学读研究生时还选修了逻辑学，教材是黑格尔的著作《小逻辑》。有人说我写文章、讲课逻辑比较清晰，我觉得这都得益于早年对《资本论》的研读。

还有一门引发我对经济学兴趣的课是西方经济学。当时我国正处于改革开放初期，西方经济学还不是非常流行，课时也比较少，教材也缺乏，这门课由复旦大学经济系的尹伯成教授主讲。尹老师尽管年龄不大，但已经是当时能系统讲授西方经济学的名师，他选用的教材是一本油印的专题小册子。尹老师的授课风格与洪老师完全不同，他的声音洪亮，带有浓重的宜兴口音，脸上表情丰富，讲到兴奋处经常手舞足蹈，很吸引人。与政治经济学不同，西方经济学关注的是资源配置效率，采用的是个体主义成本收益分析方法，几个数学公式、几根几何曲线、几张表格就可以把发生在我们身边的经济现象梳理得简单明了，让我们理解了市场机制能自动实现资源优化配置的规律，让我们了解了竞争、价格等经济范畴的含义，并意识到改革开放与奔向“四个现代化”需要学好西方经济学。限于课时，尹老师只讲了几个专题，他建议我们去阅读当时国际上流行的萨缪尔逊著的《经济学》。于是，我从图书馆里借到了由中国人民大学的著名教授高鸿业先生翻译的《经济学》。高先生早年留学美国并获经济学博士学位，不仅是正宗的西方经济学科班出身，而且他的国学底子深厚，他翻译的《经济学》流畅、准确、简洁、明了，后来我几乎没有再看到过这么好的译本。当时既

告别妻子与刚出生不久的女儿，我赴京攻读经济学博士学位

为了加深印象，又为了省下买书的钱，我在阅读时做了很详尽的笔记，从而对西方经济学的基本框架及基本原理有了初步的了解。这为我后来研究范式的转型及从事制度经济学的研究打下了比较好的基础。

命运在给人关上一扇门的时候，常常会为他打开另一扇窗。也许当初语文考试失利在冥冥之中给了我开始另一种人生的重要机会，从而让我的人生轨迹发生了深刻的变化。自从接触并深入理解了马克思的《资本论》与萨缪尔逊的《经济学》后，我的兴趣逐渐发生了变化，我在与文学渐行渐远的同时，头也不回地迈进了经济学的殿堂，屈指数来，我已在经济学的海洋中遨游了近40年，至今仍然兴趣盎然。

四 一段刻骨铭心的师生情缘

如果说是《资本论》和《经济学》这两本书将我引入了经济学的殿堂，那么在人生路上遇到的两位恩师，则将我引向了这殿堂的深处，让我从一个初入经济学大门的学子慢慢成为一个专业的经济学研究者。一位恩师是我在南京大学读硕士研究生时的导师李乾亨教授，另一位恩师是我在中国人民大学攻读博士学位时的导师胡乃武教授。三年硕士生和三年博士生接受的训练让我终身受益，一是打下了良好的学术基础，让我知道了怎么做学问；二是让我懂得了怎样做人。我现在能够这样达观、平和、善待他人、对学术怀有敬畏之心、有一颗爱学生的心，在某种程度上其实是受到了这两位导师潜移默化的影响。

李老师毕业于民国时期的中央大学法律系，中华人民共和国成立后，拆分后的中央大学法律系、经济系等整体并入复旦大学与华东政法大学，由中央大学演变而来的南京大学就没有了法律系，李老师便改教政治经济学（后来南京大学重建法律系，李老师成为法律系首任主任，为南京大学的法律系重振雄风立下了不朽功绩）。改革开放后，南京大学重建经济系，我于1984年考入南京大学经济系，攻读政治经济学硕士学位，师从在马列教研室从事马克思主义政治经济学教学工作的李老师。李老师尽管是从法学转到经济学，但扎实的理论功底、超强的思维能力、勤奋读书的习惯及深厚的文字功底使他成为当时江苏首屈一指的政治经济学大家。他不仅课讲得好，而且擅长写马克思主义经济学的通俗读物。他撰写的《货币小史》《政治经济学简明读本》等流传很广，可读性极强。我的资本论课程入学考试成绩很高，在考生中名列第一，但入学后李老师还要求我继续认真学习《资本论》等经典原著，同时鼓励我根据时代的变化勇于进行理论探索。为了提高我的写作能力，提高论文的可读性，李老师还要求我背成语词典。我是个比较听话的学生，还真到书店里买了一本成语词典，一有空就背几个成语。我现在能用简单通俗的语言把深刻的经济学道理讲出来，还曾在《经济日报》上开过经济随笔的专栏，这不能不说有当年背成语词典的一份功劳。当年，李老师是南京大学-约翰斯·霍普金斯大学中美文化研究中心的兼职教授，在该中心里还有一间在当时可以称得上豪华的办公室，他给了我一把钥匙，让我可以在当时连教授都无法享受的办公室中读书写作。

刚入南京大学时，我对自己从事经济学研究缺乏自信。在李老师的鼓励下，我开始广泛阅读东欧经济学家的论著，并结合我国的改革实践，探讨市场取向改革过程中计划与市场之间的关系，在读研的第一年我就怯生生地将两篇习作投往《上海经济研究》和《经济体制改革》。本以为寄去的文章会如泥牛入海，没想到两篇文章都很快被采用了，《上海经济研究》还在头版头条刊登了我的论文。我的自信心一下子被调动出来了，进而与李老师合作，出版了一本20多万字的专著《社会主义经济体制改革的理论与实践》，这可是当初最早研究东欧经济学的著作之一，产生了较大的影响。季羡林大师曾经说过："一流的学生不是教师在课堂里面教出来的，而是在一流大师所创造的学术氛围中熏陶出来的。”当时南京大学的经济系在全国来说尽管不是很强，但聚集了一批对经济学研究及我国的改革开放有很高热情的青年学者，如洪银兴、金碚、周振华、刘志彪、张二震、张道根、陆宏伟等。我们经常在小白楼、松林楼里交流信息、漫谈读书心得、关注改革开放进程，经常为了一个观点争得面红耳赤。至今我仍然很留恋当时自由平等的研讨气氛。正是在这样的气氛中，我在南京大学读研的3年里，《经济研究》《管理世界》《金融研究》《南京大学学报（哲学·人文科学·社会科学）》等一流专业刊物上发表了20来篇论文。这些论文不仅让我在经济学界初露头角，收获了信心，还为我挣得足够的稿费。

我的博士生导师胡乃武教授毕业并从教于中国人民大学，在高手如云的人大里，他成为人大最年轻的教育部审批的前四批博士生导师，我与周振华成为他的开门弟子。胡老师专攻宏观经济管理，可以说是著作等身，学术造诣很高。他和蔼可亲，谦逊包容，与不同学派、不同学术观点的同仁都能和睦相处，在学术圈内口碑极好。在攻博期间，胡老师对学生要求很严，他经常不打招呼就到宿舍来“串门”，从学问到生活，什么都谈，有时一周来两三次，找不到人就要问舍友他的学生上哪去了，害得我哪里都不敢去，生怕老师说我偷懒。现在回想起来，幸亏老师抓得紧，我才读了很多书，入学第一年就在《经济研究》上发表了两篇有关国有企业改革的论文，为今后做学问打下了扎实的基础。

入学之前我主要从事的是微观方面的研究，而胡老师从事的是宏观经济管理方面的研究。为了既能发挥自己的研究专长，又能符合导师的研究方向，在胡老师的指导下，我最终把“宏观非均衡的微观基础”作为我的博士学位论文选题，核心内容是运用非瓦尔拉斯均衡理论来重构宏观非均衡的微观经济学基础。胡老师对博士学位论文的要求非常严格，他要求我先做一个文献综述，把研究的难点、重点问题及逻辑梳理清楚，否则不能开题。我的博士学位论文的前期研究经整理后变成了一本专著正式出版了，加上后来出版的博士学位论文，我一共出版了两本专著。开题报告完成后，胡老师邀请了若干高手来指点，几经修改才确定了写作提纲。此后，我埋头写作，度过了几百个不眠之夜，终于完成了博士学位论文的写作。当时参加我的博士学位论文答辩会的阵容超级强大，胡老师凭借他在学术圈的人缘，邀请到了经济学界的“大腕”卫兴华、厉以宁、张卓元、周叔俊、周叔莲、钟契夫、董辅礽参加了我的答辩会，这让我终生难忘。他们不仅充分肯定了我的论文的理论贡献，还指出了我今后应努力的方向，最后全票通过了我的论文答辩。令人遗憾的是当时拍照的相机发生了故障，意外曝光，导致这么珍贵的图像没有被留存下来。在中国人民大学出版社同意把我的论文列入当时在经济学界名气颇大的“经济科学文库”后，我又根据老师们在答辩会上提出的意见对论文进行了大幅修改，有些章节几乎重写。《宏观非均衡的微观基础》出版后，在学界产生了广泛的影响，先后多次加印，发行量超过10000册。这在纯学术著作中并不多见，一般研究非均衡问题的论文都会引用我的这篇博士学位论文。

博士就读期间，胡老师就说我今后适合做经济学研究工作，建议我留校工作。20世纪80年代后期的博士是非常稀少的，我入学的那年中国人民大学总共就招了40多名，博士学位获得者是个香饽饽，基本上是想去哪就可以到哪。但在胡老师的召唤下，我就义无反顾地又归到胡老师麾下，成为胡老师担任所长的中国人民大学经济研究所的一员，一直干到现在，转眼已快30年了，真是“弹指一挥间”啊！

五　一次让自己“入道”的论文修改经历

命运总在不经意处改变着人们原本的生活轨迹以及对人生、事业的有关看法。在读博士期间，教育部为了提高博士生培养质量、提升国际化水平，发起了一个博士生联合

父母最幸福的时刻：与手捧清华大学毕业证书的女儿合影

培养项目，即国家留学基金管理委员会资助博士生在攻博期间到国外一流大学去访问进修1年。经推荐与考核，我获得了资助资格。原先我申请了美国的一个名校，后来因故我改申澳大利亚六大名校之一的昆士兰大学（The University of Queensland），师从时任经济系主任、著名的发展经济学家蒂斯坦尔教授，迎来了我学术道路上一个很重要的转折点，我经历了一个从重观点的浮躁文风到重考据的求实文风的转变过程，并且从此对自己的人生有了一个明确的定位——做一个学术型经济学家。

出国之前，我就在《经济研究》等国内重要刊物上发表了数十篇论文，还出版了两本专著，自认为即使不算学富五车，也可以算是个小有成就的经济学者了，有对外交流的资本。我到了昆士兰大学不久后就写了一篇关于我国体制转轨过程中的通货膨胀形成机制及其应对之策的论文，洋洋洒洒万余字，在文中提出了许多颇为得意的“新见解”，并自信地交给了蒂斯坦尔教授，期望从他那里得到赞扬。但论文交给他后如石沉大海，几个星期毫无音讯。我有点沉不住气了，便主动找到教授询问论文情况，结果发现自己的“杰作”被教授用红笔做了很多批注。没想到他提出了一连串让我意想不到的问题，例如，我没有列出该研究领域的最经典和最新的文献，导致他无法判断该研究成果的前沿性和创新性。对于通货膨胀形成原因的一般剖析前人已经构建了理论分析框架，我只要简单引用就可以了，无须花很大的篇幅来重述这些原理。他还指出我的论文的前半部分阐述的是价格和供求之间的关系，其实我只要写出结论就可以了，论证过程只需要引用马歇尔的《经济学原理》。我一想有道理，我的论文是给同行看的，他们一般都读过该书，我的论证有些多余。他又指出，我的论文后半部分是在阐述物价与货币供应量之间的关系，这个问题凯恩斯已经基本讲清楚了，只要写出结论，然后引用凯恩斯的《通论》就可以。如按照教授的意见修改论文，我的论文就从万余字一下子减少到不足千字。之后，教授针对我的改革方案与对策建议提出了质疑，他问我："你的对策建议是从哪里来的？"我说是想出来的。最后，教授说："你的文章不是你想明白就可以了，要让别人看了也明白才行。所以你要证明，要用经济学逻辑及数据把你的结论证明出来，而这需要做大量的实证研究。"

蒂斯坦尔教授的一席话犹如当头棒喝，让我惊出一身冷汗。我想我的研究范式就是当时国内大部分经济学者所采用的，走出国门，我才发现我自鸣得意的新观点可能经不起检验。我冷静反思蒂斯坦尔教授的中肯意见后逐渐明白，由于长期的封闭以及传统政治经济学的思维惯性，当时国内经济学者的研究方法、治学态度和关注的热点与国外同行大相径庭。国内经济学者做研究常常不强调对经济学本身的贡献，认为这是理论脱离实际的闭门造车，而更关注自己的观点和对策是否被政府所采纳，是否得到社会的认同。在研究中强调的是"我怎么认为"，而不问自己"我为什么这样认为"，从而热衷于提观点，却忽视对观点的证明。因此，国内的经济学者似乎都是"大家"，什么都能说，什么都敢说。国外的经济学者则遵循学术传统和学术规范，强调学术观点的提出必须有根有据，因此计量分析和实证分析十分流行，这也导致了经济学研究的分工日益专业化。

当我清楚地看到我的知识构成和研究方法存在的缺陷后，我就明确了出国进修的目标，那就是尽可能与国际学术规范接轨。于是，我不再发表“高见”，而是一头扎进图书馆里，广泛地阅读文献，学习现代经济学分析方法，弥补知识缺陷。同时，对我最初提交的那篇论文按照新的规范进行修改，修改稿得到了蒂斯坦尔教授的赞扬，并在国外的专业刊物上公开发表了。回国后，我没敢马上写论文，而是根据自己改进后的知识结构、理论的应用前景、自己在学术上的比较优势等，把自己的研究集中到制度变迁理论、契约与组织经济学和非均衡经济学等领域，并集中精力花了1年多时间读了这些领域的文献，然后才开始写作和发表论文。

如果读者有兴趣检索我的论文发表记录，大家会发现，我从1986年开始发表论文，一直到1988年的3年多时间里，论文所涉及的领域从微观到宏观、从实体经济到金融、从理论到政策等，可以说是无所不包。从1989年到1992年的这段时间里我基本处于“休眠期”，实际上当时我正处于艰苦的转型期，到1992年下半年我才开始重新发表论文。前后两个时期的论文不仅风格有很大的转变，而且研究领域也有较大转变，后期主要聚焦于制度经济学。一篇论文的修改让我逐渐“入道”，研究范式有了很大的变化。我迄今已经在《经济研究》上发表了10多篇论文，引用率也有很大的提升。经中国社会科学研究评价中心公布的“中文社会科学引文索引”（CSSCI）统计，我分别在1998年经济学和管理学学科的论文总被引次数排序中位列全国前十名。经CSSCI对

2000年的论文引用情况的统计，我的论文总被引次数在我国人文社会科学总排名中为第四名；在2000年经济学科的论文被引次数国内排名第二。根据《中国人文社会科学学术影响力报告》（中国社会科学出版社2007年7月版）统计，我是2000—2004年管理学论文被引用作者中的第二名。根据中国期刊网全文数据库收录1994—2001年的5300种学术类核心与专业特色期刊的数据，我的论文被引用365次，在全国中青年经济学家中排第四名。据不完全统计，其中发表在《经济研究》1998年第1期的《我国制度变迁方式转换的三阶段论——兼论地方政府的制度创新行为》至2019年已被引用993次。中国社会科学院研究生院王树森、中国社会科学院工业经济研究所李钢的论文《对改革开放以来经济学类高频被引文献的浅析》对1979—2017年的390篇高频被引文献的来源机构、来源期刊、第一作者、文献研究内容进行了系统分析和总结。我作为改革开放40余年来高频被引文献的第一作者，发表文章篇数共计4篇，排名全国第三，第一作者高频被引文献频次总量名列全国前十。

这样的转变让我变成了一个书斋式的经济学家，与频频在媒体上曝光和到处做报告的明星经济学家形成鲜明的对照。我的学生常常为我抱不平，认为凭借我扎实的学问，他们要在媒体上炒热自己的老师轻而易举，因此希望包装我。但都被我一一回绝。我对自己的选择无怨无悔。我对自己的研究成果是否在社会上广泛流传或被媒体热炒并不在乎，而更在乎我写的论文是否对经济学的发展有贡献，同行是否会引用我的论文，特别是我的论文能否经得起历史的检验。当然，如果我的研究成果被政府所重视，进而被政策制定者所吸收那就再好不过了。

六 一个伴随着改革开放成长起来的经济学者

我们这一代77级、78级大学生尽管在改革开放的大幕拉开之际考入大学，但当初大学里社会科学专业的课程结构、所用教材及授课内容还是很传统的。最具代表性的政治经济学（社会主义部分）基本上原封不动地照搬斯大林的《苏联社会主义经济问题》那本在计划经济时代非常流行的教材，观点比较陈旧，西方经济学的授课时数很少，图书馆里出借的亚当·斯密、马歇尔、凯恩斯等人的经典著作的封面上一般都会印上“供批判用”的字样。

随着家庭联产承包责任制在农村的大面积推广，改革的重点逐渐转向城市，国有企业改革就成为城市经济体制改革的中心环节。实践的变化与传统教材中的观点发生了明显的冲突，例如，在教材中被视为社会主义对立物的商品货币关系、私营经济堂而皇之地出现在现实经济中。随着国门打开，外国资本在中国土地上落地生根，传统上一直由国家控制的价格开始反映市场供求的变化，深圳喊的“时间就是金钱、效率就是生命”的口号冲击了大家的传统观念，邓小平借用民谚“不管白猫黑猫，捉到老鼠就是好猫”“摸着石头过河”表达的观点越来越深入人心。改革开放之初，我国正在探索如何把计划建立在价值规律的基础上，把计划经济与市场机制结合起来，发展商品经济。当时我刚考入南京大学，在面对一系列理论上的疑难问题时，发现在传统的政治经济学教材中找不到现成的答案。于是，我也伴随着当初的东欧经济学热，开始广泛阅读当时火遍大江南北的东欧经济学家诸如兰格、布鲁斯、锡克等人的论著，并与当时南京大学的青年教师、同窗一起争论计划与市场的关系，发表了第一批涉足体制改革的论文。例如，在《光明日报》（理论版）上发表了论证价格不是国家进行间接调控的手段的论文；在《上海经济研究》等期刊上发表了讨论如何发挥市场机制在资源配置中的作用、如何推进商品价格和要素价格改革的论文；在《经济研究》《管理世界》等期刊上发表了如何通过所有权与经营权的分离推进国有企业改革的论文；与导师李乾亨教授合作，完成了一本系统讨论东欧经济学有关经济体制改革思想的著作。

1987年我从南京大学免试进入中国人民大学攻读博士学位，我国的改革开放也进入一个新的阶段，党的十三大确定了我国经济体制改革的目标是建立社会主义商品经济体制，并构建"国家调节市场，市场引导企业"的经济运行机制，完善包括要素市场在内的市场体系等。显然，东欧经济学难以回答上述改革中出现的理论难题，原因在于东欧经济学是在计划经济的框架内，探讨如何通过中央政府与企业之间的分权来解决过度的中央集权体制所导致的经济低效率问题。我国则确认我们正处于社会主义初级阶段，商品经济是不可逾越的发展阶段，计划经济是导致低效率的主要因素，改革的方向就是要否定计划经济，在坚持社会主义基本经济制度的条件下大力发展商品经济。显然，阐述市场配置资源最成熟的经济学就是西方主流经济学，我便开始重读上大学时还是一知半解的西方经济学教材，重读亚当·斯密、马歇尔、凯恩斯等人的经典名著，重新理解现代西方经济学的发展脉络及研读一些名家的论著。我认为，计划经济向市场经济过渡的本质就是资源配置方式从遵循等级规则过渡到遵循产权规则，只要缺乏真正能自主经营、自负盈亏的市场主体，价格机制就一定是扭曲的。因此，产权关系明晰化是市场机制配置资源的内在要求，国有企业改革就是市场化改革的关键环节。于是，我开始专注于国有企业的产权制度改革，提出要在产权明晰化与产权多元化的基础上构建一个双层股份制模式，把国有企业改制成为自主经营、自负盈亏的市场主体，先后在《经济研究》1988年的第2期与第8期上发表了两篇论文，为后来的现代企业制度构建提供了基本制度设计框架。

1989年，对于我国的体制改革究竟向何处去，经济学界卷入一场尖锐的争论，争论的焦点是究竟是回归“计划经济为主、市场调节为辅”的体制还是抛弃计划经济的旧模式，继续坚持市场取向的改革。在这场大争论中，我是坚定的市场导向改革派。邓小平的南方谈话强调了计划与市场都是资源配置的手段，我国的改革目标就是要建立社会主义市场经济体制，让市场机制在资源配置中发挥基础性作用，从而终结了这场争论，把我国的市场化改革推向一个新的高度。我自到国外研修并经历了那次论文修改后，不仅对市场配置资源有了更深入的理论认识，而且进行了研究范式的转变，开始专注于用新制度经济学的分析框架，研究我国的制度变迁及产权制度变革。我对制度的研究分为两类：第一类研究试图解释我国自上而下的改革为什么能够走出一条市场化道路。我从制度供给入手，剖析了我国制度变迁方式的特点，然后解释了我国是如何化解制度变迁方式与制度选择目标之间的矛盾的，进而提出了中间扩散型制度变迁方式假说，揭示了地方政府在我国市场化进程中发挥的特殊作用，最后提出了我国从计划经济体制向市场经济体制转变的制度变迁方式三阶段转换假说。这些研究的主要成果先后四次发表在《经济研究》上。第二类研究是在契约经济学的框架内探讨国有企业治理结构创新，论证了人力资本应分享企业所有权的观点及利益相关者合作逻辑，构建了国有企业共同治理与相机治理相结合的治理模式。这些研究成果先后发表在《中国社会科学》《经济研究》《中国工业经济》等期刊上。

改革进入新时代，党中央进一步重申了改革方向是建立社会主义市场经济体制，让市场机制在资源配置中发挥决定性作用与更好发挥政府作用，处理好政府与市场之间的关系就成为经济体制改革的重要议题。如何在坚持社会主义基本经济制度条件下让市场机制在资源配置中发挥决定性作用，这是一场前无古人的伟大实践，我们既不可能在马克思主义经典作家的论著中找到现成答案，也不可能在西方国家的成熟经验及西方主流经济学教材中找到可复制的模式。因此，这就需要我们在马克思主义的立场、观点、方法的指导下，吸收包括现代西方经济学在内的人类文明成果，直面中国的现实，坚持问题导向，回答我国改革开放与经济发展中出现的重点、难点问题，并加以理论上的一般化，这样的理论研究成果的不断累积就有可能创造出中国经济学的理论体系，进而充实完善中国特色社会主义经济理论。实践需要理论指导，而一个有生命力的理论必须不断地从实践中汲取养分，发展与创新理论。我们是幸运的，因为我们处于一个伟大的社会变革时代，丰富的社会实践为我们的经济学研究提供了取之不尽的研究素材，也为我们推动经济学理论创新创造了条件。

七 一段长达12年的院长生涯

我自1990年留校任教后，就一门心思做好学问上好课。那几年是我科研的黄金期，在《中国社会科学》《经济研究》《管理世界》等重要刊物上发表了一批论文后，我的论文的引用率一路攀升，在制度变迁、产权与公司治理等研究领域小有名气，1995年被破格晋升为教授，也被选拔为教育部“跨世纪优秀人才培养计划”人选，并获得教育部高校青年教师奖、享受国务院政府特殊津贴等多项荣誉。1997年，学校把经济系、国际经济系、经济研究所三方合并成立经济学院，在组建班子时任命我为副院长兼经济系主任。2000年时学校把我调到研究生院担任副院长，分管研究生培养。2002年初，经济学院班子换届，我被推上了院长的岗位，直到2014年底才卸任。说实在的，我们那批20世纪80年代后期的博士生还是挺吃香的，当时去从政或下海的很多，但我想都没想就选择留校当老师。因为我喜欢这个答疑解惑、教书育人，同时又能保持人格相对独立的职业，就想当个好老师，从来没有想过要担任行政职务，而且我自己觉得我的行政能力并不突出。也许是自己上的课挺受学生欢迎，科研发表纪录比较突出，人缘也不错，在不经意间便成为人大经济学院院长。

在20世纪50年代，把人大经济系说成是中国经济学的引领者与培养经济学高端人才的摇篮一点都不过分，宋涛、高鸿业、吴大琨、卫兴华、吴树青、胡钧等一大批著名教授的名声如雷贯耳，经济学也是人大的传统王牌学科，必须牢牢保持全国领先地位。但在我任院长之际，中国经济学的发展态势及经济学教学模式、经济学研究的评价机制都在发生重要的变化，主要表现为北京大学、清华大学、武汉大学等一批国内高校的经济与管理学院从20世纪90年代中期就开始推动国际化进程，这些学院成批量从海外一流大学招聘已在国际学术界崭露头角的教师及经济学博士，对标国外一流大学，大刀阔斧地改革经济学人才培养模式及课程结构，扩大与海外大学的学术交流，鼓励国际发表。在我上任之后，我明显感受到来自这些学院的挑战，我们的师资基本上是清一色的本土派，队伍有一些老化，国际发表方面几乎是空白的，国际交流水平明显落后于这些学院。人大经济学院的课程结构比较传统，核心课程的教学水平不高，比如没有一个科班出身讲授计量经济学的教师，只有一个讲授政治经济学的老师客串讲授计量经济学，特别是到海外一流大学申请攻读博士学位的我院学生的数量在逐年下降。如何在保持人大经济学科传统优势的同时，跟上这些学院的国际化步伐，提升人大的学术影响力及人才培养水平是摆在我面前的一个严峻问题。同时，由于学科之间的不协调以及矛盾冲突不断升级，学校决定把国民经济系（原计划经济系）与区域经济研究所从公共管理学院分离出来，打包并入经济学院，除了财政金融专业之外，其他经济学专业基本上都在经济学院，这导致学院规模进一步扩大，人事关系更加复杂，各种矛盾也随之增多。

尽管我本人并没有谋求院长这个位子，但既然坐上去了，就得对得起全院的老师以及高分考上经济学院的学子，并且有责任保住人大经济学科的传统优势。显然，人大作为一所从延安走出来的正规大学，其体内的基因及特有的发展道路和地位，决定我们既要通过全方位的改革推动学科建设，提升人才培育质量，同时又不能照搬西方发达国家的学科发展模式，也不能复制国内大学的改革模式。正确的做法是按照人大东门口的大石头上镌刻的“实事求是”校训，走出一条具有人大特色的学科发展模式。在院长任内，我重点抓好以下几个关系：

第一，处理好马克思主义经济学与西方经济学之间的关系。马克思主义经济学不仅是我国经济学学科建设的指导思想，也是经济学院传统的优势专业，经济学院有一批马克思主义经济学家享誉全国，因此经济学院也被誉为“中国马克思主义经济学的工作母机”。我们必须坚持和发展马克思主义经济学，这既是党和国家的需要，又有助于提升经济学院学科竞争优势。当时，经济学院有些老教师对经济学院的学科发展方向有担忧，我告诉大家，其实这种担心是不必要的，除非自己想“自废武功”，否则就不会不坚持马克思主义经济学在人大的主流地位。今后发展方向的不同之处仅仅在于不要教条式地坚持马克思主义经济学，而应根据我国的实际情况，推进马克思主义经济学的现代化与中国化。事实证明在我任内，经济学院的马克思主义经济学始终保持在全国绝对的领先地位。当然，受时代变化的影响，马克思主义经济学面临的挑战越来越大，这是我仅凭一己之力难以改变的。同时，我们也花大力气提升西方经济学的教学与科研水平。自20世纪50年代高鸿业先生从美国科罗拉多大学副教授岗位上回到人大经济系任教以来，人大是国内高校中最早、最系统讲授西方经济学的高校。高鸿业先生主编的西方经济学教材风靡中国高校几十年，20世纪90年代在人大举办的福特班成为现代西方经济学训练的“黄埔军校”。但在刚任院长之时，我经过调研发现，无论从师资力量、课程结构、教材还是教学水平与难度等方面看，经济学院西方经济学的水平都已经明显落后于国内的若干名校的经济学院，西方经济学已经成为我院明显的学科短板。因此，我花费了较大的精力从师资力量、课程结构、教材等环节入手，提升西方经济学的教学水平，收到了明显的效果。目前人大的西方经济学实力强劲，例如，原来讲授计量经济学的只有“半”个教师，现在已经有了一支很有实力的教学团队。我一直觉得，只要马克思主义经济学教与科研学水平处于绝对领先地位，西方经济学教学与科研水平处于一流水平，那么人大经济学科的领先地位就难以撼动。

第二，处理好理论与应用之间的关系。人大经济学科在传统上偏向理论与宏观，偏向政治经济学，对现实问题关注不够。作为以理论经济学为主的学院，自然应该重视经济学理论，重视学术研究，需要在国内外顶尖学术期刊上发表高质量学术论文，理论上的创新性及学术上的独到贡献对于确立一个学者的学术地位及一个学院的学科领先地位至关重要。不断提升学院的经济学理论训练水平与研究水平应该是学科建设的重要内容。但是，经济学毕竟是经世济民的学问，它必须回答当下我国改革开放与经济发展中面临的重点、难点问题，这就必须加强对现实问题的研究，尤其是几个应用经济学专业合并到经济学院后，提高经济学理论的应用性就是一个必须要重视的问题。在我任内，经济学院在鼓励教师走向社会、加强现实问题研究与智库建设、扩大"人大的声音"、打造"人大学派"等方面做出了一些成效。例如，2006年，经济学院与中国诚信信用管理股份有限公司、东海证券股份有限公司合作，联合创办了中国宏观经济论坛，在每个季度发布中国宏观经济分析与预测报告，已连续举办了12年，近50场，后来又举办了宏观经济月度数据分析会。目前，中国宏观经济论坛已经成为中国最有影响力的宏观论坛之一，很多研究报告报送中央有关决策部门后得到中央领导同志的批示。再如，经济学院创办了应用性很强的能源经济学本科专业，经过几年努力，经济学院已成为国内重要的能源经济教学与研究的高地。

第三，处理好国际化与本土化之间的关系。最近20年中国经济学教学的最大变化就是国际化，尽管在经济学国际化过程中出现了不少偏差，如马克思主义经济学在有些高校被边缘化、照搬照抄西方主流经济学导致"食洋不化"、过度追求经济学研究的技术方法、缺乏问题导向的意识等。但我们不能否定国际化对于推动中国经济学教学模式与研究范式的改革，以及提升经济学教学水平及人才培养质量起到了积极的作用。当然，国际化不是照搬与复制西方高校的模式，而是必须根据中国的国情来进行必要的修正，把国际化与本土化结合起来，培养能为中国服务的经济学人才、研究出适合中国国情的成果。由于特殊的背景，与国内强校的经济学院相比，经济学院的国际化起步比较晚，国际化水平比较低，在我刚任院长时几乎没有一个海归博士、没有一篇在国际发表的论文，国际交流也很少。因此，我们在保持人大特色的情况下，努力提升人大经济学科的国际化水平。例如，吸取国外大学的成功经验，并进行本土化改造，改革人才培养模式；积极引进海外一流大学的博士，改善师资结构；鼓励国际发表；拓展与海外一流大学的合作，扩大国际交流等。经过10多年的努力，经济学院不仅保持了传统学科的优势，在国际化水平上也有明显的进步，目前已经有30多名海外一流大学的博士来院任教，国际发表论文的数量与质量也处于国内第一方阵。

第四，处理好老中青教师之间的关系。经济学院有一批德高望重、影响力大的老教授，他们是经济学院的宝贵财富与镇院之宝，发挥老教授的作用及得到他们的支持至关重要。由于各种因素，经济学院的中生代学者的学术与社会影响力不太大，有知名度的年轻学者更是凤毛麟角。更为突出的是，绝大部分老师毕业于经济学院，“三代同堂”的很多，“近亲繁殖”现象比较严重。我的基本做法就是让

“老”的有地位，多听他们对学院发展的意见，在生活上给予更多关心；让“中”的有话语权，在学院发展中发挥中生代学者的主导作用，积极给予他们舞台，扩大其影响力；让“小”的有奔头，打破论资排辈的老格局，为年轻一代创造更好的条件，让他们有更好的发展前景。当初每年选聘新教师都是一件让我犯难的事情，很多老教授都来向我推荐他们的博士生，拒绝吧，怕老先生不高兴；不拒绝吧，“近亲繁殖”会越来越严重，每年进人指标有限，也难以满足所有人的需求。后来我想了一个办法，就是不管是人大还是外校毕业的博士生，只有在《中国社会科学》《经济研究》或者国际SSCI期刊上发表过论文的才有资格来申请教职。这一硬性规定不仅让我躲开了各种关系，更重要的是从刘元春、周业安开始，入职经济学院的年轻老师都具有在一流专业刊物上发文的能力，后来又陆续引进一批海归博士，不仅极大地改变了师资结构及“近亲繁殖”现象，而且大大改善了经济学院在国内外一流专业刊物上的发文状况。经济学院目前有一支很有实力的年轻教师队伍，这是让经济学院未来继续在经济学科上保持领先地位的重要保障。

第五，处理好财务关系。中国高校的院长所要操心的事情远多于国外高校的院长，除了要处理很多关系外，还有创收任务。当初教师的收入普遍偏低，仅靠国家的工资及学校的补贴难以让教师，特别是年轻教师过上体面的生活，尤其是面对不断上涨的房价，为了稳定教师队伍，让他们专心致志地做好教学科研工作，学院必须给他们发奖金。我刚接任院长时，学院的账上只有不足百万元，根据测算，除了学校拨付的经费外，维持学院正常运转需要每年自筹不少于1000万元的资金，资金缺口很大。我当时承诺，要让教师的年终奖在原有水平上每年有不低于10%的增长，我离任时留下的钱能供后任用2年。因此，除了做好学科建设工作，我还要找各种资源、办各种在职研究生班和培训班，尽管我没有“下过海”，但我真的觉得自己在任12年既在做院长，也在办企业，每年的经营额还是一个不低的数字。钱挣来后，如何管、如何花是一个大问题，很多教训告诉我们，有了钱后处理不好可能比没钱还可怕。我坚持的管钱原则就是公开透明，让领导班子及全体教师监督钱的去处。我在任期间廉洁奉公，没有多领一分钱，没有拿与学院无关的发票到学院账户上报销，也没有用学院的资源去结交关系，办理对自己有利的事情。我坚持的分配原则是按劳分配，不搞平均主义，根据教师在教学科研上的贡献大小来决定奖金的多少。我公开在学院大会上说，最后评先进时，除了文件上规定的条件外，就是看他年终时拿多少奖金，奖金拿得越多，说明他在教学科研上的贡献越突出。在我离任时，学院的账上有3000多万元，足够后任院长用2年，兑现了我当初的承诺。

大学是培养人的地方，不断提升经济学人才培养质量自然是我在任期内重中之重的事情。本科教学主要根据“宽口径、厚基础”原则，通过方案、教材、课程三个核心环节推进人才培养模式改革，探索研究型学习制度，取得了明显的效果。其中创办于2003年的经济学—数学（双学位）实验班成为经济学院本科教改的一颗明珠。该实验班是一个新型的本科生培养平台，它围绕提高国际化水平、强调跨学科融合、注重科研能力养成的培养宗旨，10多年间逐步确立了二次选拔、双学位授予、自由退出的培养机制，以及“宽口径、厚基础”、因材施教、针对性强的培养体系，在经济学拔尖创新人才培养方面积累了一些有益的做法。在研究生培养方面，主要围绕招生、培养、论文的写作与答辩等环节推进改革，提升研究生培养质量。由于在教学方面取得了明显的成绩，经济学院先后多次获得国家级优秀教学成果一等奖、二等奖，北京市高等学校优秀教学成果一等奖等奖项。同时，在教育部组织的四次一级学科评估中，经济学院的理论经济学与应用经济学先后在2004年、2008年、2012年与2016年获得全国第一名的佳绩。

八 一种无愧于师道的从教理念

我对“老师”这个称呼一直存有敬畏感。师者，所以传道授业解惑也。称得上“老师”这个称呼，不仅需要有渊博的知识、扎实的专业水平，还需要具备良好的师德。在我担任院长期间，每一个新教师入职我都会郑重其事地找他们谈一次话，告诫他们要做一个受学生欢迎的好老师，一是要有一颗爱学生的心，只有用心去爱学生，才能担当得起教书育人这份责任，也才能充分享受这个职业带来的快乐；二是要有足够强的科研能力，这不仅能提升学术影响力，也能以科研成果不断充实教学内容，进而提高教学效果；三是必须有2门以上能受到学生欢迎的主讲课程。我常对年轻老师说，作为老师，最让自己自豪的事情并不是学生在校期间见到你叫一声“老师好”，而是在他们毕业10年或20年之后，在路上远远地看见你时忙不迭地跑过来恭敬地叫一声“老师好”。这并不是仅仅靠你顶着一顶老师的帽子就可以得来的，而是完全靠你平时的一言一行积累起来的，看你对学生是不是真诚，看你是不是有真东西给学生，看你是不是一切为学生着想，乐于给学生创造条件、创造有利于学生发展的空间。

我在任期内无论是推动教学改革、推进国际化进程，还是改善师资结构、提升教师的科研水平，其根本宗旨都是让“以生为本”体现在各个环节。大学必须以培养人才为根本，真正把学生培养成为“国民表率、社会栋梁”。我虽然工作很忙，但是经常会抽时间找学生谈话，办公室的门随时为学生敞开，学生不用预约就可以来找我，还专门设有院长信箱，保证跟学生的沟通渠道畅通，这样就可以及时了解学生对教学及学生管理的各种意见，以便及时改进工作。我最希望看到的事情就是学生超过自己。老师应该有甘当人梯的精神，在学生不成熟的时候，带着学生一起做课题，合作发表论文，把学生引入做学问的“正道”。等学生有了一定的名气后，就放手让学生自己去研究。有的导师害怕学生有一天会比自己强，但我却认为学生超越自己是做老师的最大乐趣。

如果有人问我从教以来最引以为豪的事情是什么，我可能不会说是科研成果，而会说是人才培养。我自1996年开始担任博士生导师，开门弟子是周业安。周业安家境贫寒，但他全身心投入学习与科研中，在校期间就在《中国社会科学》《经济研究》等重要刊物上发表多篇论文，留校后继续

师恩难忘:与在南京大学求学时的导师李乾亨教授合影

瞄准国际学术前沿刻苦钻研，目前在制度经济学、行为经济学、实验经济学等领域已经挺有影响力。我指导的博士生杨其静的博士学位论文《企业家的企业理论》于2004年获评全国百篇优秀博士学位论文。张曙光教授无意中看到他的博士学位论文，认为是他看到的最好博士学位论文之一，他还写了一篇万余字的书评发表在《经济研究》上，给予了高度的评价。我指导的博士生聂辉华的博士学位论文《声誉、人力资本和企业理论——一个不完全契约理论分析框架》于2008年获评全国百篇优秀博士学位论文。出生在江西农村的聂辉华也像我指导的第一个博士生周业安一样家境贫寒，但对学术有一种“宁坐板凳十年冷，不写文章一字空”的信仰。他不仅在《经济研究》上发表了多篇论文，而且在SSCI的顶级刊物上发表多篇论文，成为国内契约经济学领域的领军人物，同时，聂辉华还发表了很多触及时弊的学术随笔，影响力不亚于他的学术论文。我指导的博士生卢周来来自军队院校，他在短短的3年时间内阅读了大量的制度经济学文献，研究方向从国防经济学转向契约经济学，在校期间就在《中国社会科学》《经济研究》上发表论文，写出了一篇非常出色的博士学位论文（因为毕业时他已有副教授职称，所以不符合申报条件，但我认为他的论文也具备了竞评全国百篇优秀博士学位论文的实力）。钟正生在读博期间所表现出来的学术功底扎实、对现实问题有很强的敏感性、文笔流畅等优势在毕业后得到了充分的发挥。他目前主持的财新智库莫尼塔研究团队，在宏观经济领域做得风生水起。杨继东的博士学位论文获得了北京市优秀博士学位论文奖。尹振东与桂林本来应该在2008年毕业，但他们为了写出一篇高质量的博士学位论文，宁愿负债也要申请延长一年学制，付出了很高的代价，他们的博士学位论文的部分内容后来在《经济研究》上发表了。还有不少学生在学术上做出了一定的成绩，限于篇幅就不一一举例了。我指导的博士生除了一部分在高校任教外，有许多先后走向了政界与商界，还有的出国深造，目前在海外大学任教，他们都在自己的岗位上做出了出色的成绩。我的不少学生现在也成了博士生导师，他们也带出了一批非常出色的学生。学生们在各自的岗位上所取得的一个又一个的成绩，赋予当初选择当老师的我幸福与快乐。

我自1996年开始担任博士生导师，屈指算来已经超过20年了。对于如何培养出一流的人才，我在教学实践中悟出了一些道理。

第一，寻找和发现好的生源。坯子如果不好，窑烧得再好，也很难烧出上乘的好砖。怎样获得好的生源？一是公开、透明的竞争机制，让优秀的学生相信凭借自身的实力就能考上博士；二是善于发现人才。

第二，激发学生对经济学的兴趣乃至于热爱。我从自身的经历中感觉到，只有热爱经济学，才能学好经济学。一旦学生真正对经济学产生浓厚的兴趣，那么他就会把全部精力用于经济学研究。

第三，充分掌握文献资料是写好论文的前提。如果不能充分掌握文献资料，就不可能判断你的研究方向和拟解决的问题是否具有前沿性，也就不可能真正产生创新性研究成果。为此，我为学生准备了大量的文献资料，基本上会每周组织一次读书会和讨论会，既督促学生读文献，又给学生提供一个交流的平台。同时，要求学生在确定论文选题之前完成高质量的文献综述。

第四，有一个真正具有理论意义或实践价值的选题是写好论文的必要条件。博士学位论文的选题要慎之又慎，选题如果没有理论上的前沿性或应用价值，那么学生再努力也不可能完成一篇具有创新性的论文。在博士学位论文选题的过程中，导师的把关非常重要。其中要考虑的问题包括学生的知识结构、已有的研究成果、选题的前沿性以及有进行理论突破和创新的可能性、成果的应用前景等。

第五，做好长期学术研究规划，在一个经过精心选择的研究领域培养一支学术队伍，努力形成一个具有鲜明特色的学派和高起点的学术交流平台。这样，具有良好素质的学生一旦进入这个学术团队，就可以很容易地接触到最前沿的中外文献，接触到高水准的交流对手，迅速进入该研究领域的最前沿。

第六，给学生充分的学术自由空间。应给学生的思想插上翅膀，不应将他们的思维关进鸟笼。特别是不能有意或无意地用导师的学术观点、知识结构、关注的研究领域等来限制学生的理论创新。导师应有足够的宽容度。在学术讨论上，导师与学生是平等的。

第七，激发学生强烈的进取心，要求学生遵循学术规范和学术道德。强调原创性、前沿性。特别是要遵循国际通行的学术规范，防止学术腐败行为。

第八，好论文是长期研究的积累，是改出来的。在写作博士学位论文之前，应该完成若干文献综述，在提炼出论文选题后，应围绕试图解决的主要问题和拟突破的主要难题完成若干篇论文，最好能达到公开发表水平，这就能为完成一篇高质量的博士学位论文奠定比较坚实的基础。博士学位论文初稿完成后，导师应严格把关，及早发现问题，在修改中不断提高论文质量。

第九，导师要不断地学习，使自己的研究保持在学术前沿。如果导师不能掌握足够的文献，不能对博士生从事的研究领域有足够的了解，就很难判断博士生的论文选题是否具有前沿性，也难以把学生尽快地带到学术前沿。为此，导师要不断地学习。实在因自己知识的局限难以对学生的研究方向或选题做出判断，也可以请相关领域的专家来帮助把关。

第十，要有甘为人梯的意识，努力让学生超越自己。长江后浪推前浪，学生只有不断地超越导师，经济学的发展才有希望。从学生入学后，我就对他们说，博士学位论文的一个基本要求就是，在你选择的研究方向上要能超越导师的水平，如果是低水平重复，那么这个就没有必要作为博士学位论文的选题。

贰

学术贡献

一 在学术生涯的起步阶段我就是市场取向改革的坚定支持者

我的学术生涯起步于南京大学。我1984年考入南大经济系，1987年获得硕士学位，其间正值改革开放快速启动阶段，从20世纪80年代初承认计划经济条件下存在商品货币关系，发展为80年代中提出建立有计划的商品经济。尽管在那个阶段还没有从整体上否定计划经济，但市场的作用被越来越多的人认识与肯定。我在这期间发表了多篇论文，坚定地支持市场取向改革。

（一）价格及市场利率不是国家实行间接控制的手段

20世纪80年代中期，中央确立了经济体制改革的目标是建立有计划的商品经济，宏观调控方式从主要运用行政手段管控经济的直接控制转向主要运用经济手段调控经济的间接控制，但在如何理解间接控制的内涵上产生了分歧。当时流行的一种观点认为，国家运用价格及市场利率杠杆调节经济活动属于间接控制范畴。而我发表在1986年3月8日《光明日报》（理论版）及1986年《金融研究》第5期上的论文质疑了这一观点，认为把价格及市场利率作为调控工具的观点还没有走出东欧学派的模拟市场改革思路，发展商品经济就需要发挥市场的调节作用，价格及市场利率由市场供求关系决定是市场自发调节经济活动的前提，把价格及市场利率作为国家的调控工具，意味着定价权与调价权在政府手中，这恰恰会限制市场的调节作用。

第一，间接控制实际上是总量（宏观）控制，直接控制是个量（微观）控制。国家对价格或市场利率杠杆的运用就是价格或市场利率不再直接由市场供求关系决定，而是由政府控制来代替价格的自动调节，达到干预单个企业的生产经营活动的目的，属于直接控制。

第二，间接控制一般是分权控制，直接控制通常是集权控制。国家对价格或市场利率杠杆的运用实际上是国家拥有价格或市场利率的决定权，这会削弱企业及商业银行及时反馈市场供求变化的自主决策权，强化了集权控制。

第三，间接控制更多表现为需求管理，直接控制的主要特征是供给管理。国家对价格或市场利率杠杆的运用会导致价格与供求脱节，导致价格信号失真，使企业更多地听命于政府指令，造成政府决定供给总量与结构的事实。

第四，间接控制是国家主要运用经济手段调控经济活动，直接控制则是国家主要运用行政手段控制经济活动。国家对价格或市场利率杠杆的运用本质上属于行政干预，政府控制价格会使价格缺乏弹性，从而导致市场机制难以协调微观决策，最终强化企业对政府的依赖。

第五，间接控制只为企业公平竞争创造环境，直接控制则往往是上级部门直接干预企业的经营活动。国家对价格或市场利率杠杆的运用最终会使价格长期背离其价值，导致企业不能在同一起跑线上展开平等竞争，企业的经营状况更多不是取决于市场竞争状况，而是取决于与政府的讨价还价。

因此，我的基本结论就是，发展商品经济，推进国家从直接控制转向间接控制，需要推进价格及市场利率体制的改革，改革的方向就是国家逐渐放弃定价权及调价权，价格由市场供求决定，政府更多地运用财政、货币等政策调节经济活动。

（二）可调节的市场机制

如何建立有计划的商品经济体制，核心的经济学命题就是如何处理计划与市场之间的关系。我们应更多地强调计划调节还是更多地发挥市场调节作用，是经济学界争论比较激烈的议题。我发表在《上海经济研究》1986年第1期上的论文《对转轨时期经济体制的再探讨》（我的处女作）及发表在《改革》1986年第3期上的《试论有计划商品经济条件下的市场机制》（人大复印资料全文转载）论证了可调节的市场机制，建议按照“市场机制要充分运行，宏观调节要准确及时”方向推进体制改革，其核心是通过改革创造出让可调节的市场机制充分运行的条件。就微观经济条件来说，一是企业必须拥有经营决策权，包括投资决策权，让企业之间展开充分的竞争；二是价格要有弹性，要有一个完善的市场体系，尤其要有一个有效率的金融市场；三是必须深化国有企业改革，解决国有企业软预算约束问题；四是从整个市场来说，要创造一个宽松的经济条件。就宏观条件来说，国家主要运用经济手段调节市场条件来改变企业的赢利条件，引导企业行为，同时要建立一个比较完善的法律体系，保持有限和必要的行政干预。可调节的市场机制的改革思想与后来党的十三大提出的“国家调节市场，市场引导企业”的改革构想相吻合。

（三）广义价格论

我在南大读研期间发表了20多篇论文，尽管发表《广义价格论》的杂志不算太有名（该文入选全国中青年流通经济理论讨论会，后被会议的组织方安徽财贸学院看中，发表在《安徽财贸学院学报》1987年第2期上），但我对其学术价值的自我评价不亚于其他发表在《经济研究》上的论文。该文从社会主义统一市场的角度出发，论证在有计划商品经济条件下，商品市场、资金市场和劳动力市场之间是相互联系的，生产要素价格的不合理必然会导致商品价格体系的不合理，因此脱离要素价格体制的改革来单独推进商品价格体制的改革是不可能成功的，应该推进广义价格体系的改革。其基本观点如下：

第一，有计划商品经济条件下之所以存在广义价格范畴，是因为不仅消费资料、生产资料是商品，而且借贷资金和劳动力也是商品，并具有相应的价格形式，它们之间的相互联系、相互制约便构成广义价格体系。商品价格信号失真，必然导致要素价格信号失真，反之亦然。因此，应该把商品价格与要素价格联动起来推进商品价格体制的改革。

第二，探讨我国转轨时期广义价格的运行规律及其广义价格体系扭曲的内在原因。广义价格体系不合理的根本原因在于新旧体制间的矛盾冲突，即一方面旧体制的弊端尚未根本消除，另一方面新体制的运行机制和调控机制尚未完全形成，这就使广义价格呈现特殊的运行规律，它表现为商品价格的内在上涨趋势与低于资金均衡价格的利率和高于劳动力价值的工资率结合在一起，必然会诱发总需求的膨胀，推动价格总水平的上涨。

第三，商品价格、利率和工资率分别能充分反映商品、资金、劳动力的供求状况是建立合理的广义价格体系的必要前提。为此，首先应开放并完善商品市场，形成一个自动抑制物价上涨的机制，由市场供求关系决定价格，为要素价格信号的准确化创造前提条件，其中开放生产资料市场是由价格双轨制向市场价格过渡的根本途径；其次应逐步开放资金市场，从根本上克服利率长期低于市场均衡利率的不合理现象，发挥利率自动平衡资金供求的作用；最后应分步骤开放劳动力市场，使工资率能反映劳动力的价值和劳动力的供求状况，并在企业内部形成一个能自动抑制消费基金膨胀的机制。

第四，阐述政府如何主要利用经济手段调控商品市场、资金市场、劳动力市场的供需状况，间接调节广义价格的运行，既充分发挥市场机制的调节作用，又能保持价格总水平的稳定。

（四）价格改革的新思路

20世纪80年代中期，价格改革全面展开，价格改革的思路是调放结合以调为主、调放结合以放为主，还是一步到位、全面放开，经济学界存在尖锐的争议。我发表在《学习与探索》1988年第6期上的论文《价格改革新思路探索》则走出调或放的简单二分法，从市场趋向改革的角度阐述了价格改革的新思路。

第一，把价格作为宏观调控的手段背离价格改革方向。把价格作为宏观调控的手段，实际上是承认由国家模拟市场可以实现资源最优配置。理论和实践已证明，竞争性市场是难以被模拟的。体制改革的基本方向不是要模拟市场，而是要形成现实的竞争性市场。双轨价格和国家调价可以为放开价格创造某些条件，但不能代替放的功能，应把放开价格看作是理顺价格体系的首要条件。

第二，市场主体的塑造是价格改革的关键环节。价格放开后，价格能否灵敏、及时反映市场供求，在很大程度上取决于市场主体行为。在市场主体缺位或扭曲的条件下，即使以一定代价换取一个总供给大于总需求的经济环境，也难以放出一个合理的价格体系。重塑市场主体的途径是通过深化国有企业改革，实现国有企业产权关系的具体化、人格化，划清产权边界，在硬的财产约束下，硬化企业的预算约束，使企业真正成为自主经营、自负盈亏的市场主体。

第三，市场体系的完善是价格改革的重要配套环节。既然商品市场与生产要素市场密切相关，那么在设计价格改革方案时应完善包括要素市场在内的市场体系。原因是：一是市场主体相互关联。在商品经济条件下，要维持社会再生产的循环往复，商品市场及要素市场上的各类市场主体必须不断互为供给和需求，从而使错综复杂的供求关系以一定的规则形成一个有机的整体。二是市场信号相互传导。市场信号是市场供求状况的晴雨表，它们包括商品价格、利率、工资率等。只要某一市场信号失真，直接受影响的市场主体就会做出适应性反应，并通过复杂的供求链使其他市场信号也扭曲。三是市场客体相互制约。商品市场、资金市场、劳动力市场的发育进程相互依存、相互促进，价格机制只有在相对完善的市场体系中才能充分发挥调节供求平衡的功能。

既然社会主义市场体系的完善是价格机制有效运行的重要条件，那么在开放和完善生产资料市场的同时，应逐步开放生产要素市场，以便减少市场开放过程中的新旧体制因素及利益摩擦，优化价格机制正常运行的市场环境。

二 探索国有企业两权分离形式，构建国有资产价值递增承包责任制

进入20世纪80年代，经济体制改革的重心从农村转向了城市，国有企业改革就成为城市经济体制改革的中心环节。从20世纪80年代初到20世纪80年代中期，国有企业改革思路从放权让利改革逐渐过渡到探索所有权与经营权分离的具体形式。

（一）非对称性：对企业行为的实证描述和规范分析

传统国有企业的所有权与经营权全部掌握在政府手中，企业的经营业绩不取决于其在市场上的经营状况，而主要取决于企业与政府的讨价还价。为了改变国有企业的软预算约

➲ 与中国人民大学的恩师胡乃武教授合影，若干年后师徒同时成为中国人民大学学位评定委员会委员

束，改革从放权让利开始，率先实行了利润留存制度、“两步利改税”等，然后逐渐开始试行承包制与租赁制，让企业在一定期限内拥有经营权。改革尽管在激发企业活力方面起到了一定作用，但由于没有真正解决软预算约束问题，向国有企业下放了部分权力，却没有相应地下放责任，因此出现了“一放就乱、一乱就收、一收就死、一死又放”的不良循环。我发表在《南京大学学报（哲学·人文科学·社会科学）》1987年第1期上的论文《非对称性：对企业行为的实证描述和规范分析》具体描述了企业内部结构和自调节机制的运行具有明显的非对称性。

第一，企业盈亏自负的非对称性。扩大企业自主权后，企业只要提高利润率便可增加企业的自有资金，职工相应可获得更多奖金，从而对利润的敏感度明显提高，但企业如果亏损则不承担相应责任。这种盈亏自负的非对称性使企业内有动力，外无压力，很难促成企业间的充分竞争。

第二，企业目标函数的非对称性。企业作为相对独立的商品生产者，其生存和发展与企业盈利有关，企业具有追求利润最大化的倾向。但在企业不承担实际的经营责任和劳动还是谋生手段的条件下，企业又有追求人均收入最大化的倾向。由于利润与工资存在此消彼长的关系，利润最大化与人均收入最大化事实上存在冲突。

第三，信息-刺激系统的非对称性。企业对政府与市场的双重依赖导致企业在利润动机的刺激下，愿意接收横向传输的市场信息，也乐于为了获得政府更多的照顾而接收纵向传输的上级指令。在转轨时期，这一信息-刺激系统形成纵横多重交叉，显示明显的非对称性。

第四，投资决策中利益与责任的非对称性。软预算约束使得企业可以通过财税信贷等渠道转嫁投资责任，但分权化的改革可以让企业从投资中获得各种好处，这种投资决策中利益与责任的非对称性会导致企业内在地产生强烈的数量扩张冲动，甚至不惜用“钓鱼”的方式获得国家投资，导致总需求膨胀。

第五，经营者身份的非对称性。两权相对分离后，企业经营者在企业内既作为国家利益的人格化代表，行使经营决策权，又同时具有追求人均收入最大化的倾向，经营者也会成为职工利益的代表者，其身份具有非对称性。

企业内部结构和自调节机制运行的非对称性，导致转轨时期企业行为的非对称性。首先，企业投资和消费行为的非对称性。企业既有投资饥渴症，又有消费饥渴症。其次，企业投资收益预期的非对称性。受国家与企业产权和分配关系的不稳定、投资周期过长会导致不确定性因素增多等的影响，企业不仅自我积累倾向低，而且投资收益预期呈现短期和超短期化，影响了经济结构的调整。再次，企业对价格反应的非对称性。企业既主动提高价格，又容忍投入品价格上涨的非对称性反应，抬高了价格总水平。最后，企业对短缺物资采购行为的非对称性。由于企业负盈不负亏，企业会不惜血本囤积短期物资，囤积的后果是加剧物资短缺，又反过来刺激企业的囤积行为，从而使囤积和短缺陷入恶性循环之中。

（二）所有权与经营权从相对分离走向完全分离，试行股份制

我发表在《管理世界》1986年第5期上的论文《改革全民所有制的困难及对策》、《南京大学学报（哲学·人文科学·社会科学）》1987年第1期上的论文《非对称性：对企业行为的实证描述和规范分析》及《江苏经济探讨》1987年第1期上的论文《论所有权和经营权完全分离的二重递进模式》认为，从放权让利到以承包制、租赁制为主要改革形式的两权分离是国企改革的一个进步，但这样一种企业所有权和经营权相对分离形式具有不完善性，这是导致转轨时期企业行为的非对称性的主要根源。第一，两权相对分离难以划清国家与企业间的权限范围，由此造成企业责权利的脱节。第二，两权相对分离难以理清国家与企业之间的财产关系。首先，不能测定企业占用国有资产价值量的多少，从而失去衡量企业经营状况好坏的客观标准；其次，难以从量上确定企业增值国有资产的义务；最后，对国有资产和企业资产没

有一个划分标准。第三，两权相对分离难以理清国家与企业之间的分配关系。两权分离后，企业利润既与经营性因素有关，又掺杂着一些非经营性因素，使企业利润指标严重失真。国家作为所有者，为了增加财政收入，必然对盈利高的企业征收调节税，力图把级差收入收归国有；而企业一旦陷入亏损，经营者则可以找到各种借口为自己开脱责任。国家与企业之间收益关系的不稳定性必然会鼓励企业的短期行为。

两权相对分离的不完善性导致国有企业对政府与市场的双重依赖，这不可避免地使企业预算约束软化和利润刺激结合在一起，诱导出非对称性的企业自调节机制，由此产生一系列不合理行为。改革的思路就是从两权相对分离走向两权完全分离，使企业由相对独立的商品生产者变为完全独立的市场主体。

所有权与经营权的完全分离，是指既杜绝国家对企业经营活动的行政干预，又切断企业吃国家“大锅饭”的脐带，使企业真正成为自主经营、自负盈亏的商品生产者。第一，明确所有权和经营权的权限划分范围。所有权在经济上总是通过分配关系实现，两权完全分离后，国家凭借所有权稳定地分享财产收益，经营权则由企业掌握，政府不再频繁干预企业的经营活动。第二，理清国家和企业之间的财产关系。引入市场机制，对国家投资决策形成的企业资产进行重新评估，还要从量上规定企业增值国有资产价值的义务。第三，稳定国家与企业之间的分配关系。企业占用国有资产量的多少是决定企业上缴国家收益量多少的客观标准，企业只要按时承担相应的上缴国家收益的义务，就可以拥有企业资产的占有权、支配权与收益权。

所有权与经营权完全分离的更高改革形式就是试行股份制。第一，所有权分散化与经营权分散化同时并存。所有权分散化程度应视国有企业在国民经济中重要性的不同而异。对于非营利性的公共企业可以实行国家独资管理；对于处在国计民生领域的大型国有企业，可以采用国有资本控股的股份制形式；对于大部分国有企业可以实行国家、企业、个人分散混合控股形式；对于一些小型企业则可以完全由个人分散控股。第二，董事会的构成与职能。董事会是企业的最高决策机构，由董事会聘任总经理，总经理向董事会负责，行使具体的经营决策权。第三，在更高层次上实行所有者和经营者的权力和职能的分离。实行股份制改造后，所有权与经营权就实行完全的分离，国家可以凭借股权拥有收益权与投票权，企业的法人代表机构可以独立支配企业资产，经营者可以自主行使决策权。第四，股份制企业的盈利分配。企业盈利主要分为以下几个部分：国家收益、企业发展和投资基金、个人股票持有者的股息收入、经营者的收入、企业职工的工资及奖金收入等。

（三）国有资产价值递增承包责任制

20世纪80年代中期，经济学界讨论承包制最有影响的一篇论文就是华生等发表在《经济研究》1986年第3期上的《微观经济基础的重新构造——再论中国进一步改革的问题和思路》，该论文构建了以资产评估、利益分享、经营责任为核心内容的资产经营责任制。我发表在《经济研究》1986

年第11期上的论文《试论国有资产价值递增承包责任制——兼评资产经营责任制》及发表在《管理世界》1986年第5期上的论文《改革全民所有制的困难及对策》肯定了资产经营责任制的优点，那就是该模式在国家仍保持所有权的前提下，基本理清和稳定了国家与企业之间的财产关系和分配关系，切断了企业吃国家“大锅饭”的脐带，企业预算约束硬化后能有效地抑制投资饥渴症，使企业成为自主经营、自负盈亏的经济实体。但我认为，资产经营责任制没能从根本上解决企业行为短期化的大问题，因为它规定“企业决策投资所形成的新增资产金额计入企业国有资金”，并同样履行上缴利润的义务，这无疑会抑制企业的积累和投资动机，鼓励企业把留利用来满足职工的近期消费。

从根本上解决企业行为短期化的途径在于，使自主经营、自负盈亏的企业在内部形成一个自我积累、自我完善、自我协调、自我约束的机制。实行国有资产价值递增承包责任制既能保留资产经营责任制的优点，又能有效地抑制消费饥渴症，激发企业的积累和投资动机。国有资产价值递增承包责任制主要包括以下内容：

第一，把市场机制引入资产评估，重新评估国家投资决策所形成的企业资产。可先由国有资产出包机构根据企业固定资产的原值及折旧程度，考虑企业历年来的资金利润率及产品的销售状况，公布招标价格及承包企业应履行上缴国家的收益等条款，然后竞争承包。

第二，确定国家收益率，即国家与企业对税后利润的分配比例。在当时价格体系扭曲的情况下，为了让企业平等竞争，可适当考虑制定不同行业的国家收益率。

第三，确定历年的国家收益量，即明确国家收益率的挂钩对象。国家收益率的挂钩对象在量上始终是确定的，也就是与递增后的国有资产价值挂钩。一定时期（如每年）应递增的国有资产价值，是指国家根据国家的总体规划及该行业的平均资金有机构成和周转速度等因素，设计一个适度的有一定弹性的国有资产年平均增长率，由这一增长率乘以上年度累积的国有资产价值，就构成应递增的国有资产价值。由此类推，国家当年的收益量就是国家收益率与当年递增后应达到的国有资产价值的乘积。在企业当年增值资产中国家只对递增指标范围内的国有资产价值拥有所有权，并参与企业盈利分配，超过年平均增长率的新增资产及其收益增量都归企业所有和支配。

第四，稳定增长的国家收益在量上确定后，只要企业严格履行这一义务，国家无权直接干预企业的经营活动。同

获评2005年度长江学者特聘教授时的留影

时，企业必须自担风险、自负盈亏。

实行国有资产价值递增承包责任制后，国家与企业之间的“父子”关系解除了，既去除了国家对企业进行行政干预的基础，又消除了企业吃国家“大锅饭”的条件，抑制了企业的投资饥渴症，企业具备了自我积累的动机。

三　产权明晰化与双层股份制模式

20世纪80年代中期，国有企业改革从放权让利走向全面推行承包制、租赁制。我发表在《经济研究》1988年第2期上的《产权明晰化与双层股份制模式》和《经济研究》1988年第8期上的《法人资产制度与企业自负盈亏》认为承包制难以使企业走上自负盈亏之路，改革应聚焦于产权制度改革，并设计了双层股份制模式。

盈亏自负的非对称性是承包制的致命弱点，其原因是承包制下的所有权约束仍是一种行政化约束，它只能包盈，不能包亏，而且承包合同的履行要求外部条件不变。承包制的症结不在于操作，而在于它无法解决国有产权模糊的问题。因此，改革的思路就是在保持国有制框架的前提下从承包制走向股份制。为此，我设计了双层股份制模式，它是由在空间上并存、在内容上既相互关联又有差别的双层股票市场及四重权限分离环节所构成的新型产权制度。也就是通过在政府、国有资产管理局、控股公司和股份公司之间建立多级委托代理关系，实现资产所有权与行政管理权、宏观调控权的分离，国有股收益权与控股权的分离，出资人所有权与法人财产权的分离和公司内部的治理结构安排的四个层次的权利安排，以及在资产局和控股公司之间设置准股票市场、在控股公司与股份公司之间设置股票市场，解决政企不分、产权模糊的问题，把国有企业改造成自主经营、自负盈亏的市场竞争主体。

第一层次，通过发行准股票的形式，分散国家股的股权。

第一个环节，行政管理权、宏观调控权与资产所有权相分离。

传统国有制下产权模糊的一个重要根源在于所有权与行政权相重合所引发的国家所有权主体行为行政化。国有资产的第一层次授权经营所要解决的问题是，通过在国家层面上把政府职能与资本职能分开，构造出政企分离的制度性条件，使代理国家行使国有企业所有权的主体行为资本化。

政府职能分解后，全国人大立法机关行使经济立法权，规范经济行为。行政权由隶属于国务院的各级行政机构履行。财政部、中央银行等行使宏观调控权。资产所有权由资产局代表国家依法拥有。对国有企业进行公司化改造的必要前提是把现有资产折成股份，这就需要重新评估国有资产。国有资产的评估必须公正、客观，并充分考虑地产及无形资产的价值。国有资产经过重估后，便可按一定面额折成股份，代理行使国有产权的资产局凭借股权获取股息，并形成新增国有资产的投资资金来源。资产局以国有资产的保值增值来监管国有资产。

第二个环节，国有股票的收益权与操作权相分离。

在政企分离、产权界定及产权主体行为资本化的前提下，还必须解决所有权集中化与股权应该分散化的矛盾。国有资产的第二层次授权经营所要解决的问题是，建立一批竞争性的控股公司，实现国有股的收益权与控股权相分离，为企业产权独立化创造必要的条件。

1. 组建控股公司

经法律机关审核和国家财产部门批准，在全国各地成立相互独立的分散化和竞争性的控股公司，它是专职从事国有资产经营活动的金融性投资公司。控股公司向资产局发行一定量与国有股票面额相同的准股票，以获得股票操作权。准股票类似于优先权股票，它具有以下特征：①它是资产局投资入股控股公司的凭证，准股息是所有权在经济上的实现形式。②资产局用国有股票购买控股公司发行的准股票，按照控股公司所承诺的准股息率按期获取股息，准股息率越高，获得的股息越多。③资产局在购买准股票的同时转让了国有股票的风险和操作权。④准股票市场是一个封闭型市场，准股票只在资产局与控股公司之间单向流动，它不进入真正的股票市场。

2. 控股公司获取国有股操作权的方式

为了强化经营国有资产的权利与义务相对称的关系，资产局宜通过竞价招标方式转让国有股的控股权，而不应采取行政划拨的方式。具体设想如下：控股公司为获取国有股的控股权向资产局发行一定量与企业股票面额相同的准股票，并根据对综合因素（如股息率及利率的走势、控股企业的发展前景等）的判断，确定准股息率。在控股公司之间的充分竞争中，会形成适度的准股息率。资产局会在比较各控股公司所承诺支付的准股息率的高低及它们的信誉和实力的基础上，有选择地用国有股购买其发行的一定量准股票。资产局通过按期收取准股息保持对国有资产的所有权，控股公司则在承担相应义务的基础上，获取国有股的控股权。针对准股票缺乏获得额外利润及资本利得的可能性的缺陷，资产局可按照法定程序（如由《中华人民共和国企业国有资产法》做出具体规定），参照长期国库券利率的变动，按一定时期调整准股息率，使国有股的溢价部分归于资产局。

3. 控股公司是自主经营、自负盈亏的经济实体

资产局只以转让控股权的国有股份额对控股公司的控股风险承担有限责任，凭借准股票对控股公司施加相应的财产约束，以实现国有股收益最大化。控股公司作为具有独立法人资格的经济实体，它只要按照契约确定的准股息率向资产局按期交纳准股息，便可像一个股东那样行使国有股权，享受股东权益，承担控股风险。操作国有股的风险收入是控股公司的主要盈利来源，如果控股公司的控股行为失当，引起股息率及股票价格下降，公司便会陷入困境，甚至破产。因此，控股公司会根据在风险尽量小的前提下追求收益最大化的原则，寻求最佳的国有股的控股方式。

第二层次，国家股的股权分散化后推进到真正意义的股份经济。其核心内容是，通过分散股权形成一个有效率的股票市场，促使股份公司产权独立化。它也包含两个权限划分环节。

第一个环节，股权与物权相分离。

在股权分散化的基础上，在资产局与股份公司之间建

立经营国有资产的第三层次委托代理关系，用《中华人民共和国公司法》规范它们之间的责权利关系，国有股的收益权与控股权相分离后使国有股具有可转让性。公司产权独立化后，具有独立法人资格的企业拥有法人财产权，从而可为现代企业制度的确立创造出基本的条件。

1. 国有股的可转让性使股权分散化成为可能

股票分布过分集中于一个行业或一家股份公司，会使控股公司的控股风险明显增大。为了降低持股风险，控股公司便会根据产业结构变化趋势、股份公司的经营状况及市场行情，不断抛售或买进股票以调整持股结构，这无疑能促进股权分散化。当然，股权分散化是相对的，这不排除少数重要的大型企业因股权集中在几家有实力的控股公司手中而演化为基本不上市的股份公司，以达到对关键企业的有效控制。

2. 持股主体多元化

控股公司是股市上的主要持股主体，但并非是唯一的股东。除控股公司外，各类机构持股者将发挥越来越重要的作用，如各类基金会、保险公司、金融机构、信托投资公司等，国外的私人资本或法人财团也将成为股份公司的股东；社会上的个人既可直接在股市上买卖股票，也可委托信托投资公司进行股票投资；股份公司之间相互持股。持股主体多元化使股权进一步分散化，并为股票市场的发育和完善创造了条件。

3. 确立法人资产制度

当股权分散到一定程度时，每一个股东因控制成本过高而无法或不愿直接支配上市公司的资产营运，公司产权便随之独立化，从而确立法人资产制度。

4. 公司产权独立后的财产约束机制

代理资产局行使股东职能的控股公司以投入公司的资本额承担有限责任，并依法享有以下两类股东权利：一类是以参加公司经营为目的的股东共益权；另一类是直接从公司接受经济收益的股东自益权。股东通过在股东大会上用“手”投票和在股票市场上用“脚”投票的方式向股份公司施加股权约束，以维护所有者的权益。

第二个环节，在股份公司内部实行法人所有权与经营权相分离。

公司产权独立化后，所有权与控制权相分离，公司法人机构在利润最大化目标的驱使下经营法人资产，实现所有者利益。股东会是股份公司的最高权力机关，由股东会选举产生的董事会作为公司的法人代表机构，拥有法人所有权。监事会是股份公司监督检查公司财务状况及董事会业务执行情况的常设机构。公司总经理在公司董事会的授权范围内独立支配公司的日常经营权。

以承包制作为起点，向双层股份制模式过渡，实质上是制度创新过程。这需要从体制模式转换的角度理解完善承包制的内涵，逐步创造出法人资产这一两权分离的制度条件。文中提出了承包制向双层股份制模式渐进过渡的具体措施。

双层股份制模式的构想后来作为中国社会科学院1988年第37期《要报》内容上报中共中央政治局、书记处和国务院，供中央领导决策参考。邓小平南方谈话后，股份制改革开始进入了快车道。当时的国家经贸委与国务院体改办提出了以“产权清晰、权责明确、政企分开、管理科学”为核心内容的现代企业制度的实施方案，率先在深圳和上海试验，在取得成功经验后逐步推广到全国。现代企业制度的实施方案与我之前设计的双层股份制模式有很多相似之处，如单独设立履行国有资产所有者职能的资产局，吸收了国有资产多级委托代理的思想，在资产局与股份公司之间设置具体履行国有资产营运职能的国有资产经营公司（在我的双层股份制模式中被称为“控股公司”）。双层股份制模式为后来的现代企业制度的试行做出了理论上的贡献。

四　重构宏观非均衡的微观经济学分析基础

宏观经济学应以微观分析为基础。然而，在西方主流微观经济学领域，瓦尔拉斯一般均衡理论占统治地位；在宏观经济学领域，流行的则是凯恩斯宏观失业均衡理论。微观上的均衡分析与宏观上的非均衡分析使得宏观经济学与微观经济学处于割裂状态。因此，重构宏观非均衡的微观经济学分析基础是当代经济学的理论难题。我在我的博士学位论文的基础上修改而成的学术专著《宏观非均衡的微观基础》（中国人民大学出版社1994年版）中，在对宏观经济学与微观经济学的分析方法相互脱节现象进行深入分析的基础上，以非瓦尔拉斯一般均衡理论作为联结宏观分析与微观分析的桥梁，系统地运用非瓦尔拉斯一般均衡理论构建宏观非均衡的微观经济学分析基础。该书在比较不同体制下的宏观非均衡状态的基础上，着重对我国体制转轨过程中的宏观非均衡状态及其微观基础进行了实证分析，剖析了市场非均衡下的经济主体行为规则、价格调整、数量调整以及宏观效应，从微观角度透视导致宏观非均衡产生的因素，进而探索一条向社会主义市场经济体制过渡的基本思路。

（一）非均衡分析与宏观经济学的微观基础

宏观经济学考察的是国民经济作为整体的功能，研究生产资源总量的决定。微观经济学考察的是既定资源总量的配置。在微观经济学领域，流行的是瓦尔拉斯一般均衡理论与马歇尔局部均衡理论；在宏观经济学领域，流行的是凯恩斯宏观失业均衡理论。显然，瓦尔拉斯一般均衡状态下的微观主体的行为方式不能用来解释非均衡状态下企业和家庭的行为方式，宏观非均衡现象必须从微观经济行为人在非均衡环境下的行为变异中得到说明。重建宏观经济学的微观基础需要摆脱瓦尔拉斯一般均衡理论的束缚，以非瓦尔拉斯均衡理论来重构宏观非均衡的微观经济学分析基础。

事实上，在现实的市场经济条件下，有效需求与有效供给并不相等，在既定的价格下，市场并未被出清。非均衡学派就是在假定价格刚性的条件下，研究非均衡市场如何通过数量调整达到事后的均衡。广义均衡假说、双重决策假说、价格刚性假说、收入约束假说、非均衡价格交换假说、数量调整假说等为宏观非均衡模型提供了微观基础。我的博士学位论文在充分梳理中外文献资料的基础上，全面评价与比较瓦尔拉斯一般均衡理论与非瓦尔拉斯一般均衡理论，并考察非瓦尔拉斯一般均衡理论对于建立社会主义宏观经济分析的微观基础的适用范围，以非瓦尔拉斯均衡理论作为联结宏观分析与微观分析的桥梁，进而根据我国的现实经济条件，拓展非瓦尔拉斯一般均衡理论的假定条件，在比较不同体制下的宏观非均衡及微观基础的基础上，集中研究向市场经济转轨过程中的宏观非均衡形态，并从微观角度探究导致非均衡产生的内生性市场因素与外生性体制因素，以便探求出一条向社会主义市场经济体制过渡的基本思路。

（二）微观调整方式及其宏观效应

微观经济主体在不同的社会经济条件、市场环境及时间区间中，对供求非均衡状态会采取不同的调整方式，这些不同的微观调整方式会产生不同的宏观效应，从而诱导出不同的宏观管理方式。

1. 企业的性质与宏观管理方式的选择范围

企业性质决定了市场的性状，从而规定了宏观管理方式的选择范围。在传统体制下，企业是隶属于行政机构的非经济实体，控制总供求平衡的最有效方式就是依赖于行政命令的直接控制。当企业成为真正的市场主体时，宏观调控主体就可以通过完善的市场体系引导企业的行为，间接控制便会成为主要的宏观管理方式。

2. 企业的性质与宏观管理方式的有效性

当企业是自主经营、自负盈亏的商品生产者时，其预算约束是硬的，国家可以通过市场中介实现宏观调控目标。相反，如果企业的预算约束是软的，控制总供求平衡的最有效方式就是直接给企业下达行政命令和指令性计划，把企业的经营活动直接纳入国家计划的轨道。

3. 企业的性质与宏观经济政策的传导机制

市场约束的硬度既取决于企业利益的实现与市场的相关度，又取决于企业的预算约束的硬度。如果企业的预算约束与市场约束都是软的，国家的宏观调控目标通过行政机制比通过市场机制去实现更快显效。如果企业的预算约束是硬的，国家便会选择间接控制方式去实现宏观调控目标。

4. 企业的性质与宏观经济政策目标的实现

如果企业把利润最大化作为其追求的目标，国家就可能通过市场中介和利益关系间接实现宏观调控目标。如果企业以产值最大化作为其追求的目标，国家往往通过指令性计划等方式直接贯彻落实宏观调控目标。

在现代市场经济条件下，企业或采用数量调整，或采用价格调整，或两者并用以反映供求非均衡状态，采取何种调整方式取决于它们的调整成本。如果价格调整成本较高，价格变动反应迟缓，就由数量调整取而代之；如果数量调整成本大于价格调整成本，则选择价格调整。

一般来说，在总需求不足的条件下，由于在短期内企业降价不一定会扩大产品销路，而一旦提价则会缩小销路，价格趋于刚性，企业便不得不把产量降低到其所希望和所能够生产的水平以下。这一数量调整的后果是导致失业和收入降低，而生产要素收入的降低又进一步限制了需求，即最初的产量调整引起的产量和收入的降低被这一累积过程不断地放大，进而引起宏观性失业和经济萧条。要使总供求达到均衡，就必须依靠政府的宏观经济政策刺激总需求，启动闲置的资源，增加就业量。

（三）非均衡条件下的政策调整和体制改革

《宏观非均衡的微观基础》一书以我国正在向市场经济过渡作为体制背景，运用非瓦尔拉斯一般均衡理论，具体考察转轨时期市场非均衡条件下经济主体的行为会发生什么样的变异，实证分析配额条件下的价格调整及其宏观效应，分析市场非均衡条件下的数量调整及其宏观效应，力图突破新古典学派对市场机制的传统认识，考察在非均衡环境下的市场运行机制，并把数量调整视为市场调节的一种重要方式。

该书的一个比较重要的理论贡献是揭示了双轨市场中的价格调整及其宏观效应。在价格双轨制下，企业按低于市场均衡价格的牌价出售基数产量意味着损失一定量的生产者剩余。牌市差价流失于中间环节表明价格对企业供给的刺激减弱。同时，企业可支配的仅是留利部分，而边际留利显然小于边际收益。这是导致企业活力不足的一个重要因素，而试图采用财政补贴等外部弥补方式来补偿企业在牌价下受损的生产者剩余是难以长期为继的。如果缺乏外部弥补来源，当企业在市价诱导下为增加留利而扩大增量产出时，企业在牌价下受损的生产者剩余必然参与增量供给曲线的决定，从而导致与市场体制下的企业供给相比，增量供给的价格弹性比较小。为了向市场经济体制过渡，客观上要求由价格双轨制过渡到市场价格体制，而价格放开后能否形成合理的价格体系，关键在于能否塑造出真正自主经营、自负盈亏的市场主体。

最后，该书从实证分析转向规范分析，探索政策调整与体制改革对于校正非均衡状态的不同功效，指出均衡取向目标的实现，从根本上说取决于市场取向改革的深化，即应建立社会主义市场经济体制，使市场机制成为资源配置的基本方式，而推进国有企业改革，重新构造微观基础对于市场经济体制的建立起着关键性作用。

该书是国内经济学界研究非瓦尔拉斯一般均衡理论最早的一本学术专著，尽管这是一本纯学术著作，但先后被重印三次，被引用率比较高，在经济学界产生了较广泛的影响。

五 率先提出国有企业分类改革的主张

1992年后，国有企业改革的流行思路是，通过在国家与企业之间引入多级代理关系，用现代企业制度改造国有企业。我在《国有企业股份制改造的理论思考》（《经济研究》1995年第2期）、《论国有经济中的多级委托代理关系》（《管理世界》1997年第1期）、《国企宜实行分类改革》（《前线》1997年第3期）、《国有企业的分类改革战略》（《教学与研究》1998年第2、3期）等论文中证明，在国有制框架内进行股份制改造，可能既会弱化国有企业在弥补市场缺陷方面的特殊功能，又因国有产权得不到有效保护而使国有资产的流失不可避免，还会因企业产权难以独立化而使提高国有资产运营效率的初衷得不到充分实现。我主张选择国有企业的分类改革战略，根据国有企业所处行业的不同及所提供产品性质的不同选择不同的改革思路，该国有的企业政府好好管起来，该市场化的企业政府就应逐步退出。

（一）国有企业走向市场面临的难题

国有产权是指国家依法享有国有企业财产的排他性权利，它不同于公共产权。国有产权的模糊表现并非所谓的“所有者缺位”或者“所有权虚置”，而是表现为行政权对所有权的损害，政府难以通过行使退出权来保护国有产权，以及剩余索取权具有不可转让性，国家在国有资产上的各种权利得不到切实有效的保护，从而导致国有企业的低效率。

市场交易的本质是在交易者平等和自愿的基础上追求利益最大化的产权交易。国有产权的性质决定了国有企业走向市场面临两大冲突：

第一，所有权主体的非人格化资本行为与要求企业以盈利为目标经营国有资产之间的冲突。政府作为所有者，它不可能追求利润最大化，而我们改革的目标是让国有企业自主经营、自负盈亏，这就需要实现政企分开。但政企事实上是很难分得开的。因为作为所有者的国家是个抽象主体，只能由政府来代表国家行使所有权，也就是国家所有必然派生出政府代理。于是，我们就遇到了两难问题：在国有制框架内推动国企改革，政企就是分不开的；若政企真的分开了，政府不能行使所有权了，那么这个企业就一定是非国有了。

第二，剩余索取权的不可转让性与要求企业产权具有可交易性之间的冲突。国有企业若要成为市场主体，就不仅有权占有与使用企业资产，而且可以自主处分企业资产。

为此，所有权就应具有可转让性。但所有权一旦可以自由转让，国有企业就可能变成非国有企业了。

在国企改革的实践中，之所以一“包”不灵，一“股”也不灵，并非由于承包制、股份制没有效率，而是由于在国有制的框架内无法解决政企不分、所有权不可转让的难题，从而导致国有企业的传统弊端难以得到根除。

（二）国有企业股份制改造很难避免国有资产的流失

对国有企业进行股份制改造，实现了剩余索取权与控制权的分离，政府作为委托人拥有剩余索取权，企业经营者作为代理人，接受委托人的授权支配控制权。由于委托人与代理人的目标函数不一致，因此代理人可能利用委托人的授权来谋取自己的私利，产生所谓的代理问题。为此，就需要通过事先的激励与事后的惩罚来约束代理人的行为。最优激励与约束机制的设计要求掌握代理人努力程度的信息，但委托代理关系下的信息具有明显的非对称性，即处于企业内部的代理人对企业信息的掌握具有明显的优势，容易实施偷懒、渎职等机会主义行为。当政府扮演公司委托人的角色时，投票权常常是廉价的，即掌握投票权的官员对投票价值的评估远低于该投票权的实际价值，从而代理人就容易采用贿赂等形式来收买廉价投票权。也就是说，当投票权是廉价的且剩余索取权具有不可转让性时，多级代理不仅将诱发严重的道德风险，而且将使抑制道德风险的成本更高，从而出现扩权步伐越快，国有资产流失越严重的局面。

为了防止多级代理下国有资产的流失，就必须对国有产权实施有效的保护，即强化所有权约束。但国有产权的性质决定了国家对进行股份制改造后的国有资产进行保护时会陷入两难困境：如果强化所有权约束，就意味着政府对企业经营活动的更多干预，这会影响公司产权独立化，抑制企业的活力；如果弱化所有权约束，则难以解决抑制代理人的道德风险却无法避免国有资产流失的问题，导致改革的不公平性。

（三）国有企业分类改革战略的选择

我们到底应该如何认识国有企业在社会主义市场经济条件下的地位与功能？我的观点是，国有企业是一种特殊企业，国有企业的优势不在于进入市场，而在于弥补市场的

在参加第一届新制度经济学国际年会上与诺贝尔奖得主科斯教授、新制度经济学大家德姆塞茨教授合影，当时他们非要让我站在中间，我深感他们提携后辈的良苦用心

缺陷。让国有企业纯粹以盈利为目标参与市场竞争实际上是舍本求末。正确的思路就是在界定国有企业在市场经济中的地位和作用的前提下，针对不同类型的国有企业选择不同的改革思路，适宜政府控制的企业就不宜按照市场化的逻辑进行改造，适宜完全走向市场的企业政府就不要干预其经营活动。国有企业分类改革战略的具体内容如下：

1. 提供公共产品的国有企业宜选择国有国营模式

由政府投资、经营并直接提供公共产品尽管需要支付较高的组织成本与信息成本，但可以节约市场交易成本。政府的职能是提供最优的公共产品，解决市场失灵问题。为了确保规模经济和范围经济，政府对企业进入或退出公共产品行业实行严格的控制。

2. 垄断性国有企业宜选择国有国控模式

垄断性行业主要是指那些规模报酬递增与存在进入壁垒的基础产业，它包括基础工业和基础设施，以及受国家产业政策特殊保护的支柱产业。由于涉及国计民生，国家应该对这些垄断性行业进行有效控制。可以对这类垄断性行业的企业进行股份制改造，但国有股应占主体地位且一般不能转让，以保持国家对垄断企业的最终控制权，企业在追求利润的同时，有义务贯彻国家下达的特定社会目标，以优化资源配置。

3. 竞争性国有企业宜进行公司化改造

大部分竞争性企业可以改造成具有现代企业制度的企业，为了解决国有企业政企不分和剩余索取权不可转让等问题，企业内应形成多元化的产权结构，国家一般对股权结构不做硬性规定。同时，通过完善激励约束机制和市场竞争机制，有效解决内部人控制问题。

4. 一部分中小型国有企业宜实行民营化

具体可以通过拍卖、兼并转让、破产等方式实施民营化。民营化意味着可通过剩余索取权的转让和所有权主体的重塑实现政企分开产权明晰化，使追求利润最大化的企业可以完全进入市场。

（四）“国民共进”与社会主义市场经济体制的微观结构

在我提出国有企业分类改革思路的20年后，2015年颁布的《中共中央　国务院关于深化国有企业改革的指导意见》（中发〔2015〕22号）确认了国有企业分类改革的原则，即把国有企业分为公益类与商业类两大类，按照不同的类型推行不同的改革模式。由我主持的一项研究成果《新时期新国企的新改革思路——国有企业分类改革的逻辑、路径与实施》（原载于《经济理论与经济管理》2017年第5期，《新华文摘》2017年第17期全文转载）进一步从理论上证明了国有企业分类改革可以解决国有经济与市场经济的兼容问题，从而构建一个“国民共进”的社会主义市场经济体制的微观结构。

在经济学界，西方主流经济学派与政治经济学派在探讨国有企业改革方向与路径时存在着激烈的冲突，然而，尽管主张“国进民退”或者“民进国退”的观点针锋相对，但他们的结论却是一致的，即坚持以公有制为主与积极发展民营经济是相互冲突的。西方主流经济学是在“经济人”的假设下采用个体主义的成本收益分析方法，用此理论来指导国有企业改革，那就只有非国有化一条路可走。显然，只要在社会主义的基本制度下发展市场经济，私有化就是一条行不通的改革道路。经典政治经济学坚持在“社会人”的假设下采用整体主义的阶级利益分析方法，根据这一理论逻辑，需要不断扩大国有经济的范围，限制及至消灭私有经济是最终的目标。显然，我们的改革目标是建立社会主义市场经济体制，因此我们不仅不能消灭私有经济，而且应坚定不移地发展私有经济。

理论上的冲突无法掩盖一个基本事实，那就是两大理论体系对于国有企业在社会主义市场经济体制中到底应该扮演什么样的角色都不能做出清晰的判断。中国的改革走的是一条教科书中从来没有现成答案的中国特色社会主义发展和改革道路，因此我们不可能在现有的理论中找到全部的理论根据和可复制的模式。国有企业分类改革的逻辑是基于中国实践的理论创造，它作为中国特色社会主义经济理论的有机组成部分，解释了国有经济与民营经济不是相互冲突而是可以共同发展的，从而构建与社会主义市场经济相适应的“国民共进”的微观结构。

事实证明，该国有资本保持控制地位的非竞争性领域如果过度市场化，不仅会丧失国有经济的主导地位，而且可能导致市场失灵问题日趋严重；该市场化的竞争性领域如果国有资本过度介入，就可能因政企不分及所有权不能转让等问题而引起过度的行政干预，最终不利于市场机制在资源配置中发挥决定性作用。其实我国只要让国有经济与民营经济分别在它们适宜发展的领域发挥作用，那么国有经济与民营经济完全可以在社会主义市场经济条件下共同发展壮大。

（五）进一步深化分类改革逻辑下的国有企业改革

如何实施国有企业的分类改革，理论与实际操作上还有一些争议。例如，谁来分类？如何选择分类改革的具体模式？如何分类推进国有企业的混合所有制改革？如何根据分类改革的原则分类构建国有资产的监管模式？如何分类构建国有企业高管的激励机制？《国有企业分类改革的逻辑、路径与实施》（中国社会科学出版社2017年版）一书给予了回答。

1. 确定客观的分类标准，推动国有经济合理布局

“谁出资、谁分类”这一主观分类标准有可能会受既得利益的影响延缓改革的步伐，我们建议对那些“公共产品、公益类产品及关系国家安全和国民经济命脉的重要行业和关键领域”进行科学的细分，并作为“行业细分清单”向社会公布，使国有企业分类有一个公开客观的分类标准，从而加大对商业类国有企业的改革力度。这有助于打破“玻璃门”“弹簧门”“天花板”等对民营资本人为设置的进入壁垒，从而让非国有产权主体进入原来由国有资本一统天下的垄断领域。

2. 分类推进国有企业混合所有制改革

在分类改革原则下推进国有企业混合所有制改革。第一，提供公共产品的国有企业一般采用国有国营模式，通常

排除股权上的混合所有制改革，但在特殊的环节或者领域也可以在保证充分实现社会目标的前提下有条件地引入社会资本，这是一种长期导向下的混合所有制改革。第二，处于自然垄断行业的国有企业一般采用国有国控模式，为了提高其效率，需要重点推进混合所有制改革，但一般来说国有资本应在混合所有制改革企业中保持控股地位，因此属于控制权导向下的混合所有制改革。第三，竞争性国有企业由于其处于纯私人物品领域，可实施流动性导向的混合所有制改革。

3. 宏观分类与微观分类

所谓宏观分类就是根据国有企业所处行业与所提供产品性质的不同进行分类，而微观分类则是对进行多元化经营后的国有企业进行内部的产业分类。具体途径就是要加快央企的“主辅分离”，对于央企中处于国计民生领域的主业进行国有资本占控制地位的混合所有制改革，而对于处在一般性竞争领域的辅业进行产权多元化的股份制改造，也可以由民营资本控股。

4. 分类分层重构国有资产管理体制

由于国有企业所处行业的不同，国资委具体的监管重点也是有差异的。第一，国资委或者专职的监管部门对公益类企业既要履行“管企业”与“管资产”职能，同时也要兼顾“管资本”职能，尽可能提高公共产品的供给效率；第二，国资委通常对自然垄断性国有企业兼顾“管资产”与“管资本”职能，以“管资本”为主，实现国有资本的保值与增值；第三，处于竞争性领域的国有企业，国资委只履行“管资本”的职能，即只追求利润最大化。

5. 在利益相关者合作逻辑下，分类分层推进国有企业治理结构的创新

在公共产品领域，对国有国营的企业构建内部人决策与外部人监督有机结合的治理结构；在自然垄断领域，对国有国控的企业构建董事会共同治理、监事会共同监督、外部相机治理有机结合的治理结构；在竞争性领域，对国有企业构建共同治理与相机治理相结合的治理结构。

6. 分类构建国有企业经营者的激励机制

在公共产品领域，对国有企业领导人采用职务晋升激励与薪酬激励相结合的方式，以职务晋升激励为主；在自然垄断领域，对国有企业经营者中的中管（中共中央组织部任命）、高管以职务晋升激励为主，以薪酬激励为辅，对于国资委与地方政府任命的高管兼顾职务晋升激励与薪酬激励，对于市场招聘的职业经理人采用市场化薪酬激励；在竞争性领域，对国企经营者主要采用市场化薪酬激励。

六 从制度供给入手揭示我国制度变迁方式的特征

在以市场经济为基础的分散决策型体制下，制度的变迁通常是由一个人或一群人为谋求在现存制度下得不到的利益而产生制度需求所引发的。所以，以诺斯为代表的新制度经济学家通常偏重于从需求角度研究制度变迁。我发表在《经济研究》1993年第8期上的《论制度供给》及《经济研究》

1994年第5期上的《论我国制度变迁方式与制度选择目标的冲突及其协调》则认为，我国的体制改革是在党中央的直接领导下自上而下推进的。因此，从制度供给的角度研究我国的制度变迁过程更有价值。

（一）供给主导型制度变迁方式

我国的市场取向改革并非是由微观主体在利益的驱动下自发推进的，而是在权力中心（党中央、国务院等国家权威部门）的组织与领导下，通过行政命令和法律法规强制自上而下推进的。我们把这种由权力中心推进的强制性制度变迁称为“供给主导型制度变迁方式”。

供给主导型制度变迁方式一般具有以下特征：①在政府主体与微观主体共同参与的制度安排的社会博弈中，政府主体是决定制度变迁方向、速度、次序、方式的主导力量；②政府主体凭借行政命令、法律规范及利益刺激，在一个金字塔型的等级构架内自上而下地规划、组织和实施制度创新；③只有当权力中心的制度收益大于其成本时，实际的制度变迁才可能发生；④在不确定性和制度供给不足的条件下，为了控制风险，权力中心为制度创新设置了严格的进入壁垒，如类似于优先权的改革试点权等。

（二）制度供给的约束条件

在供给主导型制度变迁方式下，权力中心提供新的制度安排的能力与意愿是决定制度变迁的主导因素，而影响权力中心制度供给意愿和能力的因素是众多的，其中最重要的因素当数宪法秩序。宪法秩序通过对政体和基本经济制度的明确规定来界定具体的制度安排的方向与形式，即具体的制度安排不能超越宪法秩序明确规定的制度创新空间。

除了宪法秩序外，约束权力中心制度供给意愿与能力的另一个重要因素就是制度供给成本。内容有：①个体成本和收益。②社会成本与收益。社会成本可分为两类：一是自改革过程开始之后一切由体制因素决定的“信息不完全”“知识不完全”，以及制度预期不稳定所造成的效率损失，即实施成本；二是由引入新的制度规则所产生的人与人之间的利益冲突所导致的经济损失，即摩擦成本。③政治成本与收益。这是从权力中心的角度衡量的某项制度安排的成本与收益。

在影响制度供给的其他制约因素中，财政约束是一个比较重要的因素。如果前期增加的财政支出超过国家可支配的财政收入，同时又不存在必要的外援，那么制度创新仍难以发生。除了财政约束外，还有一个不可忽视的因素是知识约束。一类是对制度变化规律的认识，另一类是制度创新的技术知识积累。

（三）制度变迁方式的等级规则与制度选择目标的产权规则之间的冲突

我国经济体制改革的目标是要建立让市场机制在资源配置中起决定性作用的社会主义市场经济体制，为此就应贯彻产权规则。然而，供给主导型制度变迁方式所遵循的是等级规则，即通过纵向隶属的行政系统自上而下地实施制度创新。

政府组织实施的市场取向改革就是推进决策权的分散

化，不管是行政性放权还是经济性放权，都将逐步瓦解供给主导型制度变迁方式。为了避免发生这种瓦解，就需维持等级制，放慢权限下放的步伐。第一，随着放权让利或改革的推进，权威存在扩散化倾向。第二，与权威扩散化相联系，纵向隶属的等级制发生了松动，即由传统的单向依赖的等级规则演变为双向依赖的委托代理关系。第三，随着决策权的分散化，利益独立化的微观主体会用“脚”来投票，脱离有组织的制度变迁轨道。第四，下放权限的直接后果是在一定程度上引入了产权规则及市场机制。松动的等级规则与不健全的产权规则相冲突，很可能会导致市场秩序的混乱。

在供给主导型制度变迁方式下推进决策权分散化和市场化改革，将逐步面临经济上和政治上的双重障碍。经济上的障碍表现为政府控制下的分权化改革将会引发严重的通货膨胀；政治上的障碍表现为政府控制下的分权化改革将会导致政府权威得以维持的等级制的瓦解。在经济、政治双重障碍面前，权力中心面临两难抉择。

（四）增量改革及其引致存量改革的可能性与社会成本

在供给主导型制度变迁方式下，增量改革本身并不能创造出存量改革的足够条件。第一，增量改革并不一定能使进一步改革的社会成本递减，而且在一定条件下可能使改革的阻力更大。双重体制的长期并存有可能使新旧既得利益集团纠合在一起，导致摩擦成本的上升和资源配置的低效率。第二，增量改革不足以改变决定存量改革力度和方向的既定政治力量对比格局。第三，体制增量离效率最优状态的体制选择目标可能不是更近而是更远。第四，当新体制因素逐步脱离对旧体制的依赖而不断壮大时，确实存在由其改造或吞并旧体制完成向新体制过渡的可能性。

尽管市场化改革的起步阶段供给主导型制度变迁方式对于以较小的成本及时推进改革具有重要的作用，但受等级规则束缚，在此方式下实现向市场经济过渡存在若干难以逾越的障碍。因此，如果既要达到改革目标，又要避免走上激进式改革道路，就必须转换制度变迁方式。

所谓的制度变迁方式转换是指由需求诱致型制度变迁方式替代供给主导型制度变迁方式，即由产权独立的市场主体扮演制度变迁的“第一行动集团”的需求诱致型制度变迁方式具有利益启动、自主决策、盈亏自负、自愿参与、平等竞争、自下而上等特征。因此，不管是制度变迁方式的转换还是向市场经济的过渡，都依赖于产权制度改革的深化，其改革的关键就是推进国有企业的改革。

七 我国制度变迁方式转换的三阶段论假说及其验证

（一）昆山案例：地方政府在市场化进程中的特殊作用

按照新制度经济学的逻辑，供给主导型制度变迁方式因为受制于经济与政治的双重障碍，最终将使改革受阻。但我国的市场化进程却一直在不断地深化。我们需要回答的是，当自上而下的改革面临障碍时，哪些利益主体在市场取向改革中扮演着“第一行动集团”的角色？我在《“中间扩散”的制度变迁方式与地方政府的创新行为》（收录于《中国制度变迁的案例研究（第二集）》，中国财政经济出版社1999年版）一文中以昆山自费经济技术开发区从创建到最后被国家批准的过程作为案例，揭示了地方政府在我国市场化进程中扮演的特殊角色。

江苏省从20世纪80年代初实施“划分收支、分级包干”的财政体制后，经济利益逐渐独立化的昆山政府在没有获得上级授权的条件下，建立了自费经济技术开发区，以此来招商引资，激励微观主体创造出更多的生产性利润。开发区的建立大体经历以下几个阶段：从发展横向经济联合到创建自费经济技术开发区；从自费经济技术开发区到被列入江苏省重点经济技术开发区；从江苏省重点经济技术开发区到国务院正式批准的经济技术开发区；从国务院正式批准的经济技术开发区到对制度创新进入权的竞争。

昆山以什么方式突破制度创新的进入壁垒？上级政府为什么会容忍昆山创建自费经济技术开发区？昆山的做法是：①“先做不说”，即基于地方的利益，采取先斩后奏的方式进行制度创新；②“做了再说”，即在自发创新的制度产生效益后再通过名人、非正式汇报、媒体报道等途径进行宣传；③领导批示或题词，从“地下”转入“地上”，即通过各种方式邀请领导来昆山考察并请领导题词或在汇报材料上批示，获得非正式的产权保护；④“先养儿子，再领结婚证”，即以事后追认的方式，让当初类似于“私生子”的自费经济技术开发区报上“户口”，成为国务院正式批准的经济技术开发区。

通过对昆山自费经济技术开发区案例的制度经济学分析，可以得到以下几个结论：

（1）放权让利改革战略及“分灶吃饭”财政体制的推行，使拥有相当大资源配置权力的地方政府可分享剩余索取权，作为行政代理人的地方政府同时成为追求本地经济利益最大化的经济组织。

（2）具有以上特征的地方政府具有通过自发制度创新追求本地利益最大化的意愿，从而成为沟通微观主体制度创新需求与权力中心制度供给意愿的桥梁。

（3）破解制度变迁中的诺斯悖论主要是不依赖于单个行为人的自由选择，而在于超越个体水平的集体行动，实施这一行动的主体就是地方政府。

（4）地方政府效率导向的制度创新有助于企业对利润最大化的追求，这使得地方政府与企业的合作大于冲突，正是这种“政企合谋”使得地方政府有可能突破由权力中心设置的制度创新进入壁垒。

（5）由地方政府扮演制度创新的“第一行动集团”也可能产生若干负效应，如市场化改革不彻底、权钱交易的腐败、地方保护主义蔓延等。为了完成向市场经济的过渡，要求由中间扩散型制度变迁方式进一步向需求诱致型制度变迁方式转变。

（6）制度创新的中间扩散有可能实现计划体制向市场体制的过渡。在向市场经济的过渡过程中，地方政府的经济功能及制度创新功能呈现由弱到强，再由强到弱的倒U形的变化态势。

案例得出的结论是，一个中央集权型计划经济的国家有可能成功地向市场经济渐进过渡的现实路径是：改革之初的供给主导型制度变迁方式逐步向中间扩散型制度变迁方式转变，最终过渡到与市场经济内在要求相一致的需求诱致型制度变迁方式。这是国内最早的“地方锦标赛主义”研究成果。

（二）我国制度变迁方式转换的三阶段论

我发表在《经济研究》1998年第1期上的论文《我国制度变迁方式转换的三阶段论——兼论地方政府的制度创新行为》把昆山案例的分析框架理论化，提出了制度变迁方式转换的三阶段假说并加以验证。

1. 中间扩散型制度变迁方式：一种新的理论假说

（1）供给主导型制度变迁方式中的诺斯悖论。所谓诺斯悖论，是指一个能促进经济持续快速增长的有效率的产权制度依赖于国家对产权进行有效的界定与保护，但受社会总产出最大化与垄断租金最大化双重目标的驱动，国家在界定与保护产权过程中受交易费用和竞争的双重约束，会对不同的利益集团采取歧视性的政策，从而会容忍低效率产权结构的长期存在和导致经济衰退。诺斯悖论在供给主导型制度变迁方式中表现为等级规则与产权规则之间的冲突。

（2）自下而上的需求诱致型制度变迁方式与进入壁垒。从理论上说，随着由权力中心推进的放权让利改革步伐的加快，利益独立化的微观主体具有利用下放的决策权捕捉潜在制度收益的动机。然而，在权力中心主导制度变迁的条件下，微观主体的制度需求能否转变为现实的制度安排，依赖于其能否从权力中心手中获得制度创新的特许权，或者能否凭借其讨价还价能力突破进入壁垒，因而自下而上的制度变迁同样面临着障碍。

（3）中间扩散型制度变迁方式与诺斯悖论的解开。随着放权让利改革战略和“分灶吃饭”财政体制的实施，地方政府经济实力的提高所引起的谈判力量的变化导致了其构建新的政治、经济合约的努力。当利益独立化的地方政府成为沟通权力中心的制度供给意愿与微观主体的制度创新需求的中介环节时，就有可能突破权力中心设置的制度创新进入壁垒，化解诺斯悖论。我把它称为“中间扩散型制度变迁方式”。

2. 地方政府在中间扩散型制度变迁方式中的特殊功能

（1）地方政府成为中间扩散型制度变迁方式中的“第一行动集团”。地方政府在向市场经济的渐进过渡中扮演着主动谋取潜在制度净收益的“第一行动集团”的角色。地方政府官员的政治升迁一般需要通过提高本地经济发展水平来实现，从而具有熊彼特意义上的企业家特征。

（2）非平衡改革战略下的潜在制度收益与地方政府对制度创新进入权的竞争。权力中心一般偏好于选择利用已有的组织资源推进改革的非平衡改革战略，获得改革优先权的试点单位通常可以在承担较小改革成本的条件下获得双重收益：一是由优惠政策带来的额外收益；二是改革先行一步的体制优势带来的制度收益。地方政府通过正式或非正式渠道突破制度创新进入壁垒，竞争由试点权带来的垄断租金，从而在地方竞争中占得先机。

（3）地方政府的自发制度创新行为的事后追认。权力中心在多大程度上能容忍乃至追认地方政府的自发制度创新行为，除了取决于地方政府基于经济实力的谈判能力外，还有两个因素。一方面与权威扩散化程度有关：在自上而下的制度变迁中，正式制度规则的实施成本与权威扩散化的程度成正比；另一方面，它还取决于在地方政府为追求潜在制度收益而逐渐改变的制度结构中，权力中心从中获得的收益是否大于维持对进入权管制的成本。

3. 从中间扩散型制度变迁方式向需求诱致型制度变迁方式的渐进转换

（1）地方政府制度创新的效率导向。我国在向市场经济过渡过程中地方政府与企业之间形成了一种特殊的政商关系，地方政府与企业之间有冲突，但更多的是相互依赖。地方政府在界定和保护产权时更偏重于效率，期望通过有效的产权保护和良好的投资环境吸引外资与内资的流入，通过明确微观主体的投资收益预期激励其创造更多的生产性利润，从而扩大地方政府的剩余分享额。

（2）地方政府与企业之间的合作博弈及市场主体的培育。在权力中心对制度创新的进入权进行管制的条件下，尽管地方政府与企业在决策权的分享及剩余索取权的分配方面存在冲突，但在如何争夺与优先进入权相联系的垄断租金方面存在很强的相互依赖性。这就是在改革先行地区，企业产权制度改革总是先行一步，企业捕捉盈利机会的能力强一些的原因所在。

（3）向需求诱致型制度变迁方式转换的可能性。当制度变迁由命令控制转变为谈判协调时，地方政府在我国向市场经济体制过渡的过程中事实上起到了中间扩散新制度规则的作用。从利益最大化原则出发，地方政府会约束不合理的行政干预。由于权力中心从微观主体从事的制度创新中可获得更多收益，因此权力中心逐步变为仅仅充当新产权关系的界定和保护者，并通过重建获取垄断租金的新的合约结构，使权力中心的租金最大化和保护新产权之间达成一致。当建立在排他性产权基础上的微观主体成为制度变迁的“第一行动集团”时，我国的制度变迁方式就由中间扩散型向需求诱致型方向转变，最终完成向市场经济体制的过渡。

（三）阶梯式的渐进制度变迁模型

针对在运用新制度经济学的分析框架研究我国改革进程的研究成果中出现的某些不足，如大部分研究一般都集中于中央与微观主体之间的二元博弈，较少深入探究地方政府官员的行为，在制度“供给-需求”分析框架中对地方政府行为动机分析不足等，我与杨其静在《经济研究》2000年第3期上发表的论文《阶梯式的渐进制度变迁模型——再论地方政府在我国制度变迁中的作用》采用个体主义的“成本-收益”分析方法，运用博弈论的思想，构建了一个在向市场经济体制过渡过程中中央治国者、地方政府官员和微观主体的三方博弈过程及其经济后果。

在三方博弈中，我们将地方政府官员视为利用政治组织实现经济功能的政治企业家，中央治国者、地方政府官员及微观主体在供给主导型、中间扩散型和需求诱致型的制度变迁阶段分别扮演着不同的角色，从而使制度变迁呈现阶梯式渐进过渡特征。

（1）中央治国者之所以选择渐进式的改革方式，其根本原因就是在既定的约束条件下，面临信息不充分的问题，只能“摸着石头过河”。地方政府参与制度创新为中央治国者创造了一个低成本、低风险的知识传递和积累机制，从而加速了中央治国者对市场经济在意识形态上的认同。

（2）地方政府参与制度创新大大降低了改革演变成“爆炸式革命”的可能性，并在中央治国者、地方政府官员和微观主体的互动中使渐进式市场取向改革保持连续性，并具有帕累托改进效率。

（3）地方政府在渐进式市场取向改革中扮演主动参与者的角色，使中国的制度变迁呈现阶梯状，从而减弱了制度遗产对渐进式市场取向改革的约束。

（4）地方政府参与制度创新可减弱渐进式市场取向改革的政权约束，使改革具有帕累托改进的性质。这是因为地方政府参与的可使本地经济更快发展的制度创新能够即时地向中央治国者证明改革的好处。

（四）重塑改革的动力机制，进一步推进市场取向的改革

我在《社会主义经济理论（第三版）》（中国人民大学出版社2018年版）及一系列的演讲中进一步揭示，在存在制度创新进入壁垒的条件下，制度变迁方式转换的三阶段论假

说能较好地揭示为什么政府主导的改革能推动实际的市场化进程。然而，当我们从规范分析的角度来评判政府主导的市场化进程时，我们将发现该制度变迁方式所产生的一系列负效应，例如：政治企业家行为规范的模糊化导致腐败现象日趋严重；地方政府官员对地区生产总值的盲目追求导致对资源、环境、社会等问题的忽视，致使地方的可持续发展能力下降；地方与地方之间竞争的加剧导致地方封锁，产生了所谓的“诸侯经济”现象；等等。

这几年针对这些负面现象，我们开始坚决地反腐败，毫无疑问这是正确的。在这种铁腕反腐极大改善了社会风气、大大提升了党的威信的同时，过去那种政商关系下的地方政府官员与企业家通过合谋来竞争改革优先权的激励相容机制发生了变化，因此行政权主导下的改革动力机制就相应地发生了变化。一些地方政府官员基于从改革中获得的个人收益小于改革带来的风险，为了规避风险，存在懒政、慵政的现象。当下我国突破经济发展中的种种难题的关键在于改革，而改革改不动的最重要原因在于改革的动力不足。因此，在反腐倡廉取得战略性重大胜利之后，在稳增长的基础上积极构建新一轮大改革、大调整的激励相容机制是非常必要的。

我们不能就改革谈改革，改革的重点不是重新界定收入分配结构，而是重新界定政府权力与市场权力之间的边界。进一步推进市场化改革的突破口是如何处理好政府和市场的关系，使市场机制在资源配置中起决定性作用和更好发挥政府作用，着力构建“市场机制有效、微观主体有活力、宏观调控有度”的现代经济体制。

八 利益相关者合作逻辑与共同治理

企业治理结构本质上就是一个关于企业所有权安排的契约。最优企业所有权安排应该遵循的是资本逻辑，还是劳动逻辑或者是利益相关者合作逻辑，经济学界存在争论。我与周业安合作完成的《一个关于企业所有权安排的规范性分析框架及其理论含义》（《经济研究》1997年第1期）、《论利益相关者合作逻辑下的企业共同治理机制》（《中国工业经济》1998年第1期）、《相机治理与国有企业监控》（《中国社会科学》1998年第3期）、《企业的利益相关者理论及其应用》（经济科学出版社2000年版），以及由我主编的《企业共同治理的经济学分析》（经济科学出版社2001年版）、《国有企业治理结构创新的经济学分析》（中国人民大学出版社2001年版）阐述了国有企业治理结构创新应遵循利益相关者合作逻辑与共同治理原则。

（一）利益相关者合作逻辑与最优企业所有权安排

1. 产权的内涵与企业治理结构的主体

现代企业理论把企业视为一系列契约的组合，其隐含的前提是签约人必须对自己投入企业的要素（包括实物资本和人力资本）拥有明确的财产所有权，这种产权交易的结果形成了企业所有权。企业所有权理论是现代产权理论的一个重要组成部分。现代产权理论的一个重要贡献是区分了产权与物权的不同含义。产权已从单纯的物权转化为一种关于人的利益和行为的经济权利。

如果承认产权与物权的不同含义以及产权行使的受限制性，就能够推导出企业治理结构主体多元化的逻辑结论。第一，企业治理结构作为一组契约已经隐含假定，缔结该契约的当事人必须是独立的、平等的产权主体。第二，产权的内涵与现代契约的有限制特性相一致。第三，产权的核心是对人的行为、人与人之间利益关系的界定。契约背后隐含的产权主体的平等性和独立性要求企业治理结构的主体之间是平等、独立的关系，这些相互关联的主体组成了利益相关者（包括股东、债权人、经理、生产者、消费者、供应商及其他有关利益主体）。企业治理结构主体多元化是现代产权内涵的逻辑延伸。

2. 人力资本的产权特征与企业所有权安排

不少学者把人力资本与其所有者的不可分离性看作人力资本的产权特征，然而，当产权的行使受到限制时，人力资本与其所有者事实上并非必定是不可分离的。有限理性和机会主义倾向使经济人的理性选择行为受到限制。人的社会属性决定了人力资本行使的受限制性，从而决定了人力资本具有一定程度上的可抵押性。

人力资本具有一定程度上的可抵押性只能说明人力资本的所有者有可能分享企业所有权，但并非说他一定能获得这种权利。若要使这种可能性转变为现实性，还要具有影响合约各方谈判力的一系列条件，而人力资本的专用性和团队特征则是最重要的条件。专用性人力资本与非人力资本是企业准租金的源泉，企业所有权的安排依赖于专用性资产的提供者占有准租金的可能性。

企业的本质在于它是一种团队生产或长期合约的集合，而企业的团队本质又表现为人力资本与非人力资本之间的相互依赖性。为保护依赖性资源免于受损，团队成员只有缔结长期合约，以确保一个可预期的补偿。集体产品作为团队生产的组织租金是由团队成员共同创造的，自然不能归某一方独占，而应由其共同拥有。但企业所有权的现实分配要取决于人力资本与非人力资本所有者之间的谈判，谈判能力与他们的资产专用性程度及在企业中的相对重要性的变化有关。

3. 企业治理结构的客体与最优企业所有权安排

作为企业治理结构客体的企业所有权首先表现为剩余索取权。由于企业的契约是不完备的，因此谁拥有剩余索取权就变得至关重要了。不管剩余索取权的最终分配结果如何，现代产权理论与现代契约理论承认，人力资本与非人力资本所有者都有平等的权利索取剩余，这种可能性若要转化为现实性，则要通过所有企业参与人之间显性或隐性的谈判，还取决于谈判时的环境条件。剩余索取权与控制权合称为“企业所有权”。剩余索取权与控制权的对称性安排正是企业治理结构的效率含义。

剩余索取权与控制权集中式对称分布于一方，至少意味着另一方的产权权益被剥夺，但结果的不平等不等于产权主体之间签约前获利机会的不平等，因为契约的达成还取决于产权主体之间的谈判。初始合约并不是持续稳态的，随着企业参与人之间谈判对比力量关系的变化，合约内容是可做边际调整的。企业所有权的两点式分布仅存在于一些极端情形，更普遍的情形是剩余索取权与控制权对称分布于不同的产权主体。每个产权主体所拥有的份额则取决于参与人之间讨价还价的结果。

企业所有权的状态依存是指在不同的企业经营状态下，对应着不同的企业治理结构。状态依存的企业所有权不仅表明企业合约的各方包括利益相关者参与企业治理的相机性和合作性，也表现其动态性。

企业所有权安排的规范性分析框架既能在一定条件下推导出剩余索取权与控制权集中式对称分布的企业治理结构模式，如资本雇佣劳动的治理模式，又能逻辑一致地解释人力资本与非人力资本所有者共同拥有企业所有权的分散式对称分布的企业治理结构，如共同治理模式。

（二）国有企业治理结构创新应突破股东至上逻辑

1. 从股东至上逻辑走向利益相关者合作逻辑

在20世纪70年代以前，由于企业试图坚持新古典经济学范式那永恒不变的内核，从马歇尔到倡导不完全合约的哈特等均相信，企业行为的决定者是企业主，是提供物质资本的出资人，企业的目标就是追求出资人利益的最大化。这种在新古典经济学基础上发展起来的主流企业理论证明了资本雇佣劳动是最有效率的企业治理结构。

企业实质上是一个当事人之间依据自身所拥有的物质或人力资本以及预期该资本在未来企业成长过程中的相对地位展开谈判，形成复杂的契约网络。企业的利益相关者理论可以在上述的契约观中找到根基。现代企业理论必须合理地解释这些利益相关者之间的利益冲突以及对企业绩效的决定作用。

资本雇佣劳动或股东至上逻辑不仅在理论上面临很多质疑，而且在企业发展的实践中也面临各种挑战。20世纪80年代在美国兴起的放松管制以及恶意收购浪潮使人们开始怀疑股东至上的企业治理结构。美国的29个州修改了公司法，通过设置一系列约束措施，要求企业在被收购时应考虑利益相关者的利益。欧洲的不少国家在第二次世界大战后就开始通过立法强制规定必须接受职工进入企业决策层，由此形成共同治理模式。

2. 行政干预下的经营者控制型企业治理结构

“内部人控制”是以日本经济学家青木昌彦为代表的一些学者在分析苏联和东欧的激进式改革时提出的一个命题，它指从前的国有企业的经理或职工在企业公司化的过程中获得相当一部分控制权的现象。从“内部人控制”命题出发，不少学者推断出经济转型时期国有企业也具有类似特征。

我们认为，“内部人控制”命题不能完全解释我国国有企业的现状。我国的国有企业改革主要是通过政企关系的市场化和契约化来实现权责利的再分配，扩大企业的自主权，逐渐把企业推向市场，从而形成了有别于内部人控制的行政干预下的经营者控制型企业治理结构。国有企业即使完成了股份制改造，其治理结构仍然具有行政干预下的经营者控制特征。

由于经营者有着不同于所有者的独立利益目标，在信息非对称的条件下，就可能利用所有者的授权来谋取自身利益最大化。但是，当由政府来履行监督职能时，一般较难取得良好的监督效果。这表明行政干预下的经营者控制的国有企业治理结构存在明显的缺陷，从而导致在处理国有资产流失现象时管也难，不管也难。

3. 国有企业治理结构创新应走出股东至上的困境

从已有的国有企业改革实践来看，改革的着眼点始终是单纯地改进政府对企业的控制和激励，而不是试图建立一个符合现实约束条件的科学的治理结构。不难看出，这是典型的股东至上逻辑在支配着改革的进程。

以政府代理人和企业经营者之间的权利争夺为核心的企业渐进式改革导致在经营者软约束下的自由处置权有了膨胀的温床，至于债权人、职工等在企业中的声音则被无情地剥夺了。结果，国有企业治理结构建立在没有监督能力和监督动力的政府代理人的监督行为和经营者的无外在约束的自律行为上，这必然会为无能的或不负责任的、以权谋私的经营者创造"良好"的生存环境，同时也会为经营者与政府代理人"共谋"创造条件。

要克服以上难题，就必须实现国有企业治理结构创新，其核心是扬弃传统的股东至上逻辑，遵循既符合国情，又顺应潮流的利益相关者合作逻辑。

（三）国有企业治理结构创新：共同治理与相机治理

1. 国有企业共同治理机制的设计

利益相关者合作逻辑与股东至上逻辑的本质差异在于公司的目标是为利益相关者服务，而不仅仅只是追求股东的利益最大化。贯彻了合作逻辑的治理结构就是共同治理机制，它强调决策的共同参与与监督的相互制约。

共同治理的核心就是经济民主化，通过公司章程等正式制度安排来确保每个产权主体具有平等参与企业所有权分配的机会；同时又依靠相互监督的机制来制衡各产权主体的行为；适当的投票机制和利益约束机制则用来稳定合作的基础，并达到产权主体行为统一于企业适应能力提高这一共同目标。共同治理模式包括两个并行的机制：董事会和监事会。

董事会中的共同治理机制确保产权主体有平等的机会参与公司重大决策。建立职工董事制度是完善董事会中的共同治理机制的一个重要内容。

我国建立职工董事制度应注意以下几个方面：第一，关于职工董事的资格。职工代表必须反映企业大多数职工的利益。第二，关于职工董事的选任。职工董事（包括工会主席）由职代会按多数同意原则民主选举产生。第三，关于职工董事的人数。国有独资公司的职工董事一般为1/3左右。对于国有控股的股份公司，职工董事的比例可以与国有独资公司类似。股份有限公司的职工董事比例可定在1/4～1/5。

银行董事制度。根据我国的国情，银行可以通过表决权代理或信托制同时实现小股东和银行的权益保护，这样做可以绕开两业分离的法律障碍，充分发挥银行的信息优势和人力资源优势；同时银行代表进入董事会，也便于信息交流和权力平衡。

监事会中的共同治理机制则是确保各个产权主体平等地享有监督权，从而实现相互制衡。国有企业的监事会中应有一定比例的职工监事，同时必须有1～2名银行代表作为监事，以确保债权人的利益。

2. 国有企业相机治理机制的设计

相机治理机制的基础是企业所有权的状态依存特征。相机治理机制的设计目的就在于确保非正常的经营状态下，受损失的利益相关者有合适的制度来帮助其完成再谈判意愿。一个完整的相机治理机制包含三个要素：能够利用该机制的人，即相机治理的主体，信号及相机治理程序。

一个完整的相机治理程序应包括事前监督、事中监督、事后监督三个阶段。利益相关者的相机治理机制设计包括职工作为相机治理主体时的程序设计、股东的相机治理程序、债权人的相机治理程序，以及管理收购。

相机治理机制的完善与程序的改进：①破产程序的改进。破产程序是相机治理程序的最后一道防线。一个有效的破产程序必须设置一套机制，以确保债权人的债权现值最大化，同时给予经营者可置信的惩罚。②各相机治理程序的协调。相机治理程序按主体划分为四类，即职工、债权人、政府和股东、经营者；按内容分则是两类，一类是预防性程序，另一类是破产程序。③相机治理信号系统的设计。相机治理程序的启动取决于必要的信号显示。

九 诚信的制度经济学分析

随着市场化改革的不断深入，诸如假冒伪劣、偷税漏税、剽窃专利、欠账不还等不诚信行为随之出现。有一种观点认为，不诚信行为的泛滥都是市场经济惹的祸，市场经济导致道德大滑坡。我对此观点并不认同。我的论文《市场经济条件下诚信的制度基础》（《求是》2002年第18期）、《关于诚信的制度经济学思考》（《中国人民大学学报》2002年第5期）、《精神文明建设的经济学解释》［《人民日报》2003年6月2日第9版］认为，市场经济并不必然导致道德滑坡，诚信是要靠制度来规范的。

尽管市场经济确实把行为人对个人经济利益的追求看成是人们参与经济活动的动力，并主张从经济利益的角度构建激励机制，但市场经济并不是一个为了追逐自身利益可以不择手段损害他人利益的经济。市场经济鼓励人们合法地追求自身利益最大化，惩罚损人利己的行为，并努力形成一个通过追求个人利益的最大化最终促使社会利益最大化的机制。当然，经济人的自利行为在市场机制的调节下自动达到利他的结果是有条件的，那就是市场必须是完美的。然而，现实中的市场是不完美的，如经济人的理性是有限的，信息是不完全的，未来具有不确定性，存在外部性等，经济人有可能通过不诚实或欺骗来达到更有利于自己的目的，失信行为的存在实际上意味着失灵的市场无法使得经济人的自利行为自动产生利他的结果。市场经济排除那种为了自己的私利而不择手段地侵犯他人的权利甚至生命的自私行为，鼓励和保护那种不仅在追求自身利益最大化的同时不损害他人的利益，而且时刻准备为了改善个人利益而与他人利益做某种妥协的自利行为。

人们在交易过程中是否以诚信为本，并非仅仅是一个道德问题，这在很大程度上取决于是否有一个好的制度。现实社会中每一个活生生的人不会天然地讲信用，关键是要构造出一个使当事人讲信用的收益大于不讲信用所付出的成本的制度。一般来说，大规模失信行为的产生都与制度存在缺陷有关。所谓制度是指一系列被制定出来的规则、守法程序和行为的伦理道德规范，它旨在约束追求主体福利或效用最大化的个人行为。制度可划分为正式制度，如宪法秩序、成文法、习惯法和自愿性契约等，还包括非正式制度，如行为的伦理道德规范。制度的最大功能就是明确当事人的收益预期，从而可以起到对人的行为的激励或约束作用。

规范失信行为的关键是产权制度的重建。产权是一种通过社会强制来实现的对某种经济物品的多种用途进行选择的权利。有效率的产权应是竞争性的或排他性的，这将有助于减少未来的不确定性因素及产生机会主义行为的可能性。原因是产权的边界越是明确，交易的界限就越清晰，交易主体的收益预期越是明确，交易者越是难以采取损人利己的机会主义行为，其选择诚信行为就越是有助于实现自身利益最大化，最终就越是有利于降低交易费用，提高资源的配置效率。

道德建设对于引导和激励人们诚实守信是有明显作用的。尽管产权的明确界定与市场参与者的诚实守信是正相关的，但产权界定是需花费成本的。当产权界定成本过高时，解决由制度规则缺失所引起的行为失信问题就需要依靠行为的伦理道德规范。在伦理道德规范下，市场的参与者就会自觉选择与利己主义、享乐主义等自利本性相反的利他主义行为，从而使诚实守信成为大家的自觉追求。在同样的正式制度规则下，人们道德素养的差异将直接导致资源配置效率的差异。

我们呼唤诚信，是因为诚信在给我们带来合作、和谐、温馨的同时，还能给我们带来效率。但是，诚信的氛围不可能自己从天上掉下来，人们也并非会天生讲信用。诚信是靠制度规范出来的，一方面要靠产权关系的明晰化，另一方面要靠道德建设。这也就是我们常讲的，两手都要抓，两手都要硬。

十 在组织与契约经济学研究领域的学术贡献

（一）国有企业双层分配合约下的效率工资假说及其检验

在讨论“谁应对国有企业的低效率负责”时，内部人控制成为一种流行的解释。内部人控制现象在收入分配领域就表现为“工资侵蚀利润”，即在初次分配中，劳动收入占比过高。我与周业安、张玉仁合作完成的论文《国有企业双层分配合约下效率工资假说及其检验》（《管理世界》1998年第1期）以效率工资假说来质疑“工资侵蚀利润”命题，主张国有企业应选择剩余索取权与控制权分散对称分布于所有者、经营者、生产者的共同治理模式。

第一，“工资侵蚀利润”命题所遵循的是资本雇佣劳动的理论逻辑。我们曾做的研究证明，工资与利润的对立并非是有效率企业所有权安排的必要条件，人力资本与物质资本所有者分享企业所有权是古典企业向现代企业转变的一个重要特征。

第二，国有企业治理结构具有双层分配合约的特征。由行使所有者职能的政府与企业经营者一对一谈判形成第一层分配合约，它通过确定控制权的分配与利润分享原则决定决策效率；企业经营者与工人之间形成第二层分配合约，它通过使工资水平与生产任务的完成情况相关联决定劳动效率。企业的盈利能力与发展能力主要受制于第一层分配合约，第二层分配合约的分配空间（工资总额）是由第一层分配合约给定的。工人既不能直接进入第一层分配合约，就收入总额的决定与政府讨价还价，也很难影响企业决策。因此，“工资侵蚀利润”命题不能成立。

第三，通过对企业效率工资假说的检验，证实了国有企业的职工收入具有效率工资的特征，即企业支付高于市场决定的工资是为了交换工人的劳动生产率。

第四，既然国有企业的低效率主要源于第一层分配合约，因此提高企业效率的根本途径并不是通过使工资与利润明确对立来抑制工资增长、提高企业的利润率，而是应进一步推进国有企业的产权制度改革。

（二）交易费用与企业所有权分配合约的选择

企业治理结构本质上是关于企业所有权分配的合约，其核心问题是，通过选择恰当的契约来实现剩余索取权和控制权的对称性安排，以确保企业的决策效率。我与周业安合作发表的论文《交易费用与企业所有权分配合约的选择》

（《经济研究》1998年第9期）从交易费用的视角探讨最优企业所有权分配合约的选择。

企业所有权分配是一个动态的谈判过程，它与制度环境和当事人的谈判力有关。一个契约安排要实现公平与效率的统一，必须确保充分的契约自由。企业所有权分配可以表达为不同类型契约的选择，它主要考虑交易费用的大小。我们把交易费用分解为契约费用和监督费用，均衡的契约安排是权衡这两种交易费用的结果，目的是最大限度地节约交易费用。企业作为一张“契约网”，客观上要求各产权主体平等、独立地参与企业所有权的分配。针对不同的交易技术结构，对简单交易来说，资本雇佣劳动或者劳动雇佣资本的单边治理合约是相对有效的；而对复杂交易来说，利益相关者共享企业所有权的共同治理合约可能更有效。进一步考虑契约的产出效应，共同治理合约能带来更高的交易效率。

（三）专用性、专有性与最优企业所有权安排

主流企业理论认为，组织或合约安排的目的和功能在于保护专用性的投资免受机会主义行为的侵害，并使交易费用最小化。企业所有者就是那些投资于企业专用性资产并享有剩余索取权的人。我与杨其静合作发表的论文《专用性、专有性与企业制度》（《经济研究》2001年第3期）提出了一个有别于专用性的专有性概念，指出现实中的企业制度安排并非社会福利最大化或交易费用最小化的产物，而是理性的当事人相互博弈的结果。

我们认为，作为市场中的企业，其根本目的在于创造和分配组织租金。单纯的资产专用性仅仅可以证明为了吸引这些资产所有者参与团队必须给予恰当的控制权和风险佣金，但是这并不构成当事人分享组织租金的谈判力基础。事实上，那些拥有专有性资产的所有者才真正有实力分享组织租金，因为他们是团队生产所必需且难以被替代的，即被其他团队成员所依赖。那些能够产生某种集体生产力或组织租金的团队并不是一个公共信息或天然存在物，而是被企业家发现并实施的结果。也就是说，只有企业家才能使企业团队生产最为关键的专有性资源，是组织租金最有力的要求者，从企业产生的这个角度看，企业的本质应该是企业家才能及其劳动的计价装置。基于此，我们提出当事人获得企业组织租金的谈判力就应该是专有性资源，并且这一变量极大地影响着企业制度的选择与演变。

（四）正式契约的第三方实施与权力最优化

每到春节前，农民工工资纠纷就成为媒体曝光率很高的一类新闻，对此现象的一个流行解释是农民工与用人单位之间没有签订正式的用工合同，大多是口头协议，导致法律介入困难。我与卢周来合作发表的论文《正式契约的第三方实施与权力最优化——对农民工工资纠纷的契约论解释》（《经济研究》2004年第5期）运用契约理论来回答农民工工资纠纷的根源在哪里，分析应该由国家作为强制执行的第三方的正式合同得不到履行的原因，以及正式合同得不到履行可能导致的后果。论文得出以下主要结论：

第一，农民工工资被拖欠的主要原因并非农民工与直接关系雇主之间的非正式口头契约无法有效实施，而恰恰是受国家明文保护的应该由国家作为第三方强制实施的正式契约无法有效实施。事实上，农民工与直接雇主之间的非正式契约的确带有自我实施契约的性质。

第二，国家作为强制实施的第三方，在实施正式契约方面的失败，导致农民工的合法权益得不到国家的保护，其原因在于一方面国家存在部分的绝对权力，而这种绝对权力在追求租金最大化的动机下被滥用。另外作为国家强制实施的直接工具的司法体系的相对权力又被强势利益群体所削弱，因而无法有效进行强制实施。

第三，国家作为第三方，在保护农民工合法权益方面的失败，必然导致农民工选择契约的其他执行方法，使得契约的实施由公共强制倒退回私人秩序，进而可能导致暴力的无序使用，危及社会稳定，反过来又迫使政府更大力度地实际使用权力，这是中央政府以行政力量发起全国范围的“清欠运动”的真正原因。

第四，国家要重新建立国家作为强制实施的第三方在保护农民工权益方面的权威，就必须考虑第三方权力最优化问题。而要做到使第三方权力最优化，就必须在事前建立起能有效制衡第三方的集体选择机制。

（五）一个关于上访与对地方官员问责的契约经济学分析框架

自2003年以来中国出现信访高峰，研究信访问题对于建立和谐社会和理解我国政治体制的运作具有重要意义。我国采取经济上分权和政治上集权的体制，地方政府拥有很大的资源配置权力，受非对称信息限制，上级政府很难有效监督地方官员。为此，中央政府必须设计一套有效的行政治理模式，激励地方官员更好地为当地老百姓服务。我与尹振东、桂林合作发表的论文《上访与对地方官员问责：一个新政治经济学的视角》（《经济研究》2010年第12期）运用契约论的分析方法构建理论模型，把信访中的上访看作中央对地方官员的一种问责机制，上访后中央通过追究地方官员的责任，可以约束地方官员的行为，激励地方官员更努力地为当地老百姓服务。中央对地方官员的问责应当适当，太严厉的问责反而可能强化地方官员的截访行为，结果会降低地方官员的努力水平。上访给中央带来的成本越大，中央对地方官员的问责越严厉。根据模型推测，随着经济的发展、科技的进步以及网络社会的崛起，中央对地方官员的问责将逐渐加强。

依据我们的研究，我们对中央如何对待地方官员的截访提出若干政策建议：①鉴于上访所起的作用，上级政府要允许上访。我们认为法制社会和信访制度并没有根本的内在冲突，司法对行政的监督和行政机构本身的自我监督可以相互补充。②是否把信访机构划归人大领导取决于人大处理信访能力的高低。③随着经济发展和法制社会的进步以及网络社会的兴起，居民上访成本降低，地方官员截访成本变大，中央应该逐步加大对地方官员的上访问责力度。

（六）实证研究央企领导的晋升机制

理解央企领导的晋升机制有助于更好地分析国有企业的行为，从而对于选择更有效的国有企业改革思路具有重要的意义。由我与王元、聂辉华合作发表的论文《“准官员”的晋升机制：来自中国央企的证据》（《管理世界》2013年第3期）使用2008—2011年189位央企领导的职位变动数据，第一次研究了作为“准官员”的央企领导的政治晋升机制。我们发现：①央企营业收入增长率的提高会提高央企领导升迁的概率，并降低央企领导离职的概率；②拥有中央委员及候补委员或中纪委委员身份的央企领导有更高的升迁概率和更低的离职概率；③拥有博士学位的央企领导有更高的升迁概率；④相对于营业收入增长率，央企的国有资本增值率没有对央企领导的升迁产生显著正的影响，这表明目前央企的发展方式仍然是规模导向型；⑤央企职位的经济报酬没有对央企领导的升迁产生显著的影响，这表明央企领导更像是政府官员而非职业经理人。

由实证研究推导出以下政策建议：第一，除了薪酬激励、股权激励外，政治晋升也可以成为国资委激励国有企业领导人的重要工具。第二，国资委和组织部在制定提拔国企领导的标准时，应当更加重视衡量企业发展的质量指标，促使国企的发展路径由粗放式的规模导向型转向质量导向型。第三，无论是从规模上还是从业绩上看，央企都是国企的优秀代表。我们对央企考核体系的实际效果的分析，有助于央企及地方国企建立并完善一套评价和考核国企的有效标准。

（七）制度有助于缓解社会冲突对企业风险承担的冲击

市场取向的改革本质上是利益结构的调整，改革中的利益冲突不可避免地会引发类似于罢工、群体性事件等社会冲突现象，从而有可能对企业承担风险的能力造成一定的冲击。如何减少社会冲突对于中小企业风险承担的不利影响，是更多地采取强制性的维稳政策还是进一步完善制度来提供更加具有确定性的环境，学术界及实际部门存在不同的看法。我与章逸然、杨继东合作发表的论文《制度能缓解社会冲突对企业风险承担的冲击吗？》（《经济研究》2017年第8期）通过匹配地区社会冲突、制度和企业决策数据，考察了社会冲突、制度对企业风险承担决策的影响。

我们的研究表明，虽然社会冲突的增多将会使中小企业风险承担的不利影响增多，但是市场化制度的建立和完善将会缓解这些不利影响，起到润滑剂的作用。第一，社会冲突会降低企业风险承担水平，但是制度与冲突的交互项为正，良好的制度可以缓解社会冲突对企业风险承担水平的冲击；第二，通过将制度细化为契约制度（主要指微观主体之间经谈判形成的契约）和产权制度（主要指政府对产权的保护），结果发现产权制度本身对于提高中小企业风险承担水平的作用更加明显，但是在缓解社会冲突的负向冲击上，契约制度发挥着更重要的作用；第三，制度对于社会冲突对企业风险承担负向冲击的缓解作用在民营企业中更加显著，但是随着2008年经济刺激计划的推行，市场化进程放缓和中小企业风险承担水平有所下降，制度的润滑作用也有所减弱。社会冲突虽然对经济个体的发展有不利影响，但是经济个体之间的契约关系的建立在防止不确定性对于企业投资的损害上十分有效。同时，处理好政府与企业之间的关系，完善产权制度特别是产权的保护对于提高企业的风险承担水平也十分重要。其政策含义也十分清楚，那就是必须进一步推进市场化改革。

（八）构建现代企业理论的逻辑体系与基本分析框架

市面流行的微观经济学只有厂商理论，没有企业理论。自从科斯创立了交易费用理论，企业的“黑箱”才被打开，对企业的研究越来越成为国际经济学界最为活跃的领域之一。对企业问题的研究大致分为两大领域：以研究企业的市场行为规律为主要内容的产业组织理论；以研究企业本身性质和内部制度安排规律为主要内容的企业理论。研究企业的本质、企业的边界、企业的内部组织和制度安排等重要内容的现代企业理论是由科斯所开创的，之后，在契约的视角下形成了主流的企业理论。我国经济学界有越来越多的同仁用现代企业理论的某些原理来解释我国的企业改革、公司治理结构创新、最优激励约束机制的设计等，但没有一本系统介绍现代企业理论的教材。在我的倡导下，中国人民大学经济学院自设了企业经济学的硕士点与博士点，但也缺少一本讲授企业理论的基础教材。我长期从事制度经济学与企业理论方面的研究，指导的研究生的学位论文大多集中在此领域，积累了相当一批文献及研究成果。经过多年努力，由我担任主编、杨其静担任副主编的研究生教材《企业理论：现代观点》（中国人民大学出版社2005年版）问世了。

这本教材沿着企业理论发展本身的历史脉络，系统而全面地阐述了企业理论的基本分析框架及其最新发展：从斯密的分工理论到科斯所开创的现代企业理论；从完全契约框架下的企业理论到不完全契约框架下的企业理论；从市场–企业两分法的企业理论到市场–企业–网络三分法的企业理论；从单纯契约观下的企业理论到引入能力因素的企业理论；从一般企业理论到企业家理论和劳动管理型企业理论。通过系统梳理现代企业理论的发展脉络，我们能够在比较好地了解企业理论的过去和现在的基础上把握企业理论未来的发展方向，从而使我们今后的研究工作真正具有国际前沿视野。

十一　工资形成机制的变革及其结构性效应

2008年金融危机爆发以后，劳动力市场供求关系出现大幅度逆转，局部出现民工荒。以农民工为代表的低端劳动力工资仍然不降反升，持续上涨，劳资关系冲突进一步加剧，各种民营和外资企业大幅度提高招工工资，各地政府大幅度提高最低工资标准。同时，从宏观层面看，我国人口结构已经发生显著变化，低端劳动力增长幅度放缓，低端劳动力供给水平下降。如何看待民工荒带来的低端劳动力工资上涨及其宏观效应，由我担任主编的《工资形成机制变革下的经济结构调整——契机、路径与政策》（中国人民大学出版社2012年版）针对上述现象，分别从以下三个方面展开论述：一是通过实证分析农民工工资的上涨趋势，揭示了我国低端劳动力工资向市场议价法则转变；二是通过实证分析工资上涨对经济结构变动的影响，揭示了市场导向型经济结构调整机制的开启与培育，以及我国应采取的相应对策；三是相关的国际经验及对我国的借鉴意义。

该书认为，本轮工资上涨不仅说明了中国低端劳动力市场出现了结构性拐点变化，更为重要的是它宣告了中国低端劳动力市场的工资形成机制正从传统的生存工资定价法则向保留工资约束下的市场议价法则转变。首先，随着我国经济发展水平的提高，保留工资不断上涨，推动低端劳动力价格上涨。其原因是：第一，农村改革使务农收入进入一个稳健的上升通道。第二，受制于经济发展的资源约束，资源价格

➲ 手握到访人大经济学院的诺贝尔奖得主阿马蒂亚·森教授的签名书并和他合影，我也当了一回追星族

不断上涨，它将带动城市生活成本、交通费用的增长，并对转移成本构成上行压力。其次，我国留守劳动力的家庭分工型特征决定了即使农村存在大量剩余劳动力，劳动供给也不再具有无限弹性。再次，随着中国制造业国际地位的确立，制造业对劳动力需求持续增长，劳动力供给已经由总量过剩转向结构性过剩，低端劳动力供求关系发生根本性变化，未来中国工业化进程加速，会进一步推动工资上涨。最后，随着中国重化工业化阶段和加工贸易化阶段达到顶点，在全球化日益加深的条件下，过去长期被压抑的中国制造业工资水平存在回补趋势。

该书判断中国低端劳动力工资形成机制的变革必将成为引领市场导向型经济结构调整的重要支点。第一，工资形成机制的变革将从根本上改变劳资关系，改变工资上涨严重滞后于国民收入上涨的局面，使中国国民收入的初次分配发生革命性的变化；第二，低端劳动力工资的上涨将对不同区域的生产成本带来不同的影响，从而使各种传统产业在区域成本差异的推动下，向中西部地区加速进行梯度转移，缩小东部地区与中西部地区的差距；第三，工资水平的上涨将从根本上改变中国各种要素价格之比，使市场主体自发进行要素替代，促使企业提高自主研发和技术进步水平。

该书认为，我国低端劳动力工资形成机制的变革将引起以下显著的结构变化：第一，劳资关系将发生深刻变化，带来收入分配格局的变动，为中国迎来库兹涅茨倒U形曲线的拐点性转变提供了新契机，为缩小收入分配差异提供了新的可能性；第二，区域结构的变化，将带动工农关系、城乡关系新格局的形成；第三，要素价格比的变动将促使产业结构自动升级机制的形成；第四，城镇化建设将迎来新的发展机遇，劳动关系的深刻变动和工资水平的加速上涨将使中国迎来城市化的超加速期；第五，工资增长以及相应的人力资本政策的实施，将使中国步入人力资本投资的加速时期，人力资本的加速积累将使中国经济增长步入人力资本偏向型发展期。

该书为当前我国经济结构的调整提供了全新的思路，对政府产业政策的调整具有重要的参考价值。第一，要从战略发展的高度，把低端劳动力市场的工资形成机制的变革与要素价格市场化作为未来经济结构调整的核心，通过价格机制的杠杆作用撬动整个经济结构的重塑，从而将以往单纯的行政转型思路转变到以市场导向来推动经济结构转变的思路上来，使市场主体自发地、全面地、稳定地在分配机制的调整、产业的升级、区位的选择和创新的强化中扮演重要的角色。第二，要积极推动低端劳动力市场的工资形成机制的变革，引导和规范低端劳动力市场市场协议工资形成机制的培育。政府要顺应工资形成机制变革趋势，积极推进工资形成机制变革的制度建设。第三，尽管市场力量成为未来结构调整的基本驱动力，但劳动剩余与工资上涨的并存格局决定了结构调整还要辅之以政府的适度干预，防止单一的市场机制将中国经济过早地引到偏废就业的新古典轨道上来。政府干预主要体现在中观层面的产业干预和微观层面对企业技术选择行为的间接引导上。

十二 内需可持续增长的结构基础与政策选择

改革开放以来，我国总需求结构发生了显著变化，最终消费占比大幅度下降，投资占比大幅度上升，这构成了我们所界定的总需求结构失衡状况。从总需求结构的表象来看，为了扭转投资和出口占比过高、家庭消费需求占比过低的失衡状况，需要用家庭消费需求替代外需和内需中的投资需求。然而，在给定的结构和制度特征下，这两种替代过程都是难以完成的。在既有增长模式下，收入分配制度是总体政治经济利益格局的表现之一，它决定于现有的生产方式和政治权力格局。因此，如果不通过改革打破权力格局和利益关系，收入分配结构就难以调整，消费需求就难以真正提升，而这需要重新思考我国内需可持续增长的路径与政策选择。由我担任主编的《内需可持续增长的结构基础与政策选择》（中国人民大学出版社2014年版）从我国宏观经济在外需冲击下所暴露的现实问题出发，探讨国内投资增长与出口增长之间的相互强化机制及其形成原因，分析我国宏观经济这一特殊的平衡和增长机制的不可持续性以及对外需冲击的脆弱性，由此提出内需可持续增长的重要意义。从供给层面探讨国内消费需求提升的制约因素，分析20世纪90年代中期以来我国制度变迁和结构调整过程中产业政策、公共服务供给政策以及宏观经济政策的变化与相互作用，从中探寻我国供给结构的变化原因及其对国内消费和投资可持续增长的制约。最后，兼顾国内供给和国内需求的结构性特征及两者之间的动态制约关系，探讨服务于内需持续增长和经济长期可持续增长的一体化政策选择。

从经济结构的角度探索我国内需可持续增长对于未来中国长期可持续增长具有重要的理论意义与应用价值。该书的主要结论如下：

（1）总需求结构失衡导致我国宏观经济的内在稳定性下降。在投资和出口的相互强化机制中，外需冲击的影响不断放大，宏观经济对外需冲击的脆弱性显著提高。在各种外生冲击下，政府熨平经济波动的政策力度必须不断加大，政策性干预带来的负面影响也会不断增多。

（2）在就业创造效应和劳动收入增长效应不断下降的背景下，只有更高的增长速度，才能抑制失业问题的加剧和维持必要的居民收入增长速度。由此导致我国政府对高增长速度的严重依赖，也可称 之为“速度饥渴”。一旦投资和出口驱动的增长模式无法持续，这将意味着我国经济高速增长的时代趋于结束，由此将会带来严重的就业和社会问题。在不改变原有增长模式的条件下，我国将面临两难选择。其一，陷入高投资→高增长→结构性失衡加剧→需要更高的增长速度→需要更多的投资……这样的恶性循环之中。其二，随着投资和出口的增长约束不断强化，经济增长速度下降，结构性矛盾依然存在甚至继续恶化，可能导致各种社会矛盾集中爆发。

（3）我国总需求结构对投资和出口的高度依赖性的根源在于经济赶超战略的政治动因和实现过程。为了在短期内实现经济赶超目标，经济总量的扩张成为政策层面的首要目标。由于技术进步和生产率增长面临较多的约束和不确定性，促进资本投入的迅速增长就成为实现经济总量迅速扩张的首要选择。

（4）要素市场扭曲、收入分配体制和政策、产业政策、供给政策以及生产和投资补贴等手段结合在一起，一方面能够增加国内储蓄供给，使得资本积累有了充足的来源；另一方面能够维持资本收益和资本成本之间持久的、较大的差异，进而维持企业强烈的投资动机。这是支持我国高投资最为重要的内部因素。

（5）传统增长模式下失衡的总需求结构，导致总需求的增长难以持续。受制于国际分工体系的演变趋势及国外市场的竞争态势，我国出口持续快速增长的空间越来越小。这必将制约国内投资的增长。另外，高投资还直接受制于国内环境的恶化、资源成本的增加和约束的强化。

（6）实现总需求结构平衡并不是简单地用消费替代投资，事实上，在给定结构的情况下，这种替代过程是无法完成的。内需持续增长的关键是投资增长与消费增长的良性互动。

（7）增长模式变革下的投资转型是内需可持续增长的关键。在投资结构优化和效率提高的支持下，产业结构逐步升级。就业增加，进一步促使收入增长，收入的持续增长将为消费升级奠定基础。进一步结合收入分配制度改革，加大社会保障力度，缩小地区之间、城乡之间和家庭之间的差距，促进最终消费需求的稳定增长。而最终消费需求的增长又将进一步促进投资增长，形成投资增长与消费增长的良性互动。如果当前仅仅强调通过收入分配改革促进消费增长，忽视投资领域的改革，消费最终将变成无源之水。投资转型包括投资结构变化以及投资动力机制的变革。

（8）家庭消费增长面临着比投资增长更多的约束，所以，投资转型带来的供给结构变化、就业模式变化和初次分配格局的变化不足以保证家庭消费的持续增长，还必须有其他方面的变革，包括：①完善包括初次分配和再分配在内的整个分配体系；②通过城市化和区域发展政策缩小城乡差距和地区差距；③完善社会保障体制。

（9）就分配论分配无法支撑消费的长期可持续增长。收入增长是支撑消费增长的最主要因素，而当前的收入分配格局反映了既定经济发展模式下的总体利益结构。传统增长模式决定了当前的收入分配模式。过去的分配体制决定报酬机制和结构矛盾不断叠加，居民收入在企业和政府的挤压下受到抑制。这种分配格局会引发两种效应：国家财富迅速增长，政府和企业共同推动的高投资加速经济增长，产品出口加速财富累积；居民收入增速缓慢，企业没有动力支付高工资，政府没有强制动机和措施减少税负。在以内需可持续增长为目标的结构调整下，需要平衡政府、企业与居民之间的分配关系。如果不通过发展方式的转换来打破利益结构，那么收入分配结构就难以调整，透过收入分配改革来提升消费就是一句空洞的口号。

（10）无论是分配结构、总供给结构还是总需求结构，其特征都根植于我国传统增长模式。我国传统增长模式的制度基础在于政府主导的渐进式增量改革。因此，传统增长模式的困境不仅预示着增长模式调整的必要性，更预示着调整改革路径和模式的必要性。

鉴于上述观点，我们认为：第一，不能就改革谈改革，改革的重点不是重新界定收入分配结构，而是重新界定政府权力与市场权力。通过政府自身改革，打破政府、企业和家庭之间的传统利益分配格局，使得政府角色从“与民争利”转变为“为民创利”。第二，不能就分配谈分配，分配关系的调整不仅在于权力关系的调整，同时也在于生产方式的调整。因此政府一方面应当通过现有权力体系的大调整来实现收入分配关系的调整，另一方面也应当重视中国的发展阶段，建立起与生产方式相适应的分配模式，市场力量也是调整分配关系的核心力量之一。第三，防止一些理想主义的激进做法。中国的发展阶段决定了短期内消费占比不能模仿美国，警惕福利刚性加重中国经济前行的负担。第四，要尊重经济发展的自然演进规律与民间智慧，防止政府过度干预经济对经济增长内生能力的扼杀。第五，“稳投资”与“扩消费”的组合是内需可持续发展的结构基础，不能简单化。

十三　构建社会主义经济理论体系

我在取得博士学位后留中国人民大学任教不久，就开始为研究生讲授社会主义经济理论这门课。在教学过程中，我遇到了很多难题，例如，如何处理马克思主义经济学与现代西方经济学的关系，如何实现马克思主义经济学的中国化与当代化，如何解释社会主义基本经济制度与市场经济之间的关系，如何解决方法论的一致性与逻辑上的统一性，如何回答我国改革开放与经济发展中的难点与重点问题，如何创建中国经济学的理论体系，等等。在不断积累自己的研究成果及完善备课笔记的基础上，由我主编的《社会主义经济理论》第一版于1999年由中国人民大学出版社出版。经过8年多的使用，我国的改革开放与经济发展发生了重大的变化，我们对教材做了大幅度的修订，修改内容超过了2/3，于2008年出版了第二版。2008年以后，受美国次贷危机的影响，我国经济进入了新常态，社会主要矛盾也发生了变化。在我的主持下，我们又对教材做了大幅度的修改，第三版于2018年出版。教材中的不少章节是对我的研究成果的总结。该教材以当代中国正在发生的市场化、工业化、国际化与城市化为背景，对我国社会主义经济发展、改革与开放中的基本理论问题与重大现实问题展开系统、深入的分析，揭示中国道路、中国模式的经济学意义。

建立社会主义市场经济体制是我国正在进行的一场伟大的实践，探索社会主义市场经济条件下的经济运行规律决定了我们既不能把马克思主义经典作家的理论教条化，也不能照搬照抄西方主流经济学的教条，而应以与时俱进的态度继承与发展马克思主义经济学，合理运用现代西方经济学的分析方法，既重视对生产关系的分析，也要关注资源的配置效率，而且应在揭示资源配置规律的过程中剖析经济关系，努力构建中国特色社会主义经济理论体系。这本社会主义经济理论教材就是通过理论创新试图为创建中国特色社会主义经济理论做一些添砖加瓦的工作。理论的生命力在于创新，但创新并非贴标签，也不是故意标新立异，更不是胡思乱想。而是跳出原有的思维定式，突破原有的理论框架和教条，立足现实，面向实际，解放思想，通过对现象的深入剖析来检验和发展现有的理论。如果现有的理论不足以回答现象所隐含的问题，就需要我们反思理论本身。中国改革开放的伟大实践使经济学理论的发展面临着前所未有的机遇和挑战。在这种情况下，总结中国经济改革和经济发展的经验，从理论上科学地回答新的历史阶段提出的一系列新问题，推动经济学理论的创新和发展，努力建设和发展中国特色、中国风格、中国气派的经济学理论体系，对于创建中国特色社会主义政治经济学具有重大意义。

改革开放的实践所提出的很多疑难问题显然无法从现成的理论著作中找到现成的答案。因此，无论是为了解决实际问题还是为了实现理论创新，都首先必须直面中国的现实。改革开放以来，中国的经济改革与经济发展取得了举世瞩目的伟大成就，“中国模式”“中国经验”“中国道路”正在受到全世界日益广泛的关注。中国改革开放的伟大实践为经济学理论的发展提出了前所未有的机遇和挑战。总结中国经济改革和经济发展的经验，从理论上科学地回答新的历史阶段提出的一系列新问题，推动经济学理论的创新和发展是我们这一代经济学者应担负的历史使命。社会主义经济理论的创新首先必须坚持马克思主义经济学的指导地位，同时在吸收西方经济学的有用成分过程中注意中国的国情，在解答我国实践中面临的各种问题时注意吸收西方经济学中反映市场经济一般运行规律的理论与分析方法。这种从中国国情出发来吸收与消化西方经济学的有用成分，创立一个在马克思主义经济学的指导下，既能解决中国问题，又符合国际的学术规范的经济学，我们称之为“经济学的国际化与本土化相结合的道路”，它也构成中国经济学现代化的重要内容。

为此，《社会主义经济理论》倡导直面现实式的研究态度和方法。直面现实式的研究并非不要理论，而是应坚持问题导向，从我国经济改革和经济发展中出现的特殊现象入手，通过对现象的深入剖析来检验现有的理论并发展与创新经济学理论，丰富中国特色社会主义政治经济学。该教材共包含导论与九章内容。导论主要讨论社会主义经济理论的研究对象与方法论；第一章在系统阐述马克思主义经典作家对未来社会科学预测的基础上，反思社会主义的实践，揭示了在社会主义条件下发展市场经济的必然性，系统阐述了中国特色社会主义经济理论；第二章对我国向社会主义市场经济体制的过渡过程进行经济学分析，揭示“中国道路”与“中国模式”的经济学意义；第三章着重研究社会主义市场经济条件下的国有产权特征以及国有企业改革的基本思路与模式选择；第四章运用现代企业理论，讨论国有企业治理结构创新的基本思路与模式选择，着重研究共同治理与相机治理相结合的国有企业治理结构创新模式；第五章研究社会主义市场经济条件下的收入分配问题；第六章对当代中国的经济增长与经济发展问题，特别是对2008年以来的经济新常态及经济增长动能的转换等问题进行了深入的分析；第七章研究社会主义市场经济条件下的经济结构调整问题，特别是对供给侧结构性改革等问题进行了深入的分析；第八章分析社会主义的对外经济关系，特别是对对外贸易、资本引进、国际资本流动、汇率等问题展开了比较深入的分析；第九章主要讨论社会主义市场经济条件下的政府与市场之间的关系，讨论了社会主义市场经济条件下政府对经济活动合理干预的边界与方式。

叁

治学心得

以直面现实式的研究方法构建接地气的经济学理论体系

（一）马克思主义经济学与西方经济学的方法论比较

改革开放以来，我国经济学界呈现出百花开放、百家争鸣的格局，不同思潮、不同学派、不同学术观点、不同政策主张进行了不同层次的交锋与争鸣。这种思想的争论反映了我国经济转型处于关键时期的体制与利益结构的变化。经过40多年的经济体制改革与对外开放，我国的经济体制、经济结构与国际化程度都发生了深刻的变化。在经济体制上，所有制结构发生了重要的变化，非公有制经济与外资经济占据了重要地位，市场机制在资源配置中的作用越来越显著，“看不见的手”的作用越来越大于“看得见的手”的作用；在经济结构上，第二产业与第三产业对经济增长的贡献率越来越高，特别是新技术产业和服务业得到了更快的发展。外需对中国经济的拉动作用在减弱，内需越来越成为拉动中国经济增长的主要引擎。伴随着城市化步伐的加快，城乡结构、区域结构也发生了重要的变化；在对外开放方面，随着我国积极引进国外资本、先进技术与先进的管理方法政策的推行，特别是加入了世界贸易组织（WTO），我国经济纳入全球经济一体化的进程不断加快。伴随着经济的转型，多元化的利益格局已经基本形成，从不同的利益主体出发，对同一问题的看法存在不同程度的差异，思想观点的冲撞越来越频繁发生，经济学分析范式发生了深刻的变化。

第一，从只关注生产关系到同时十分关注资源配置。在相当长的一个时期内，政治经济学的研究对象只包括生产关系，经济学甚至被简化为阶级斗争学说。随着市场化进程的不断加深，社会主义经济理论除了继续关注生产方式以及与生产方式相适应的生产关系外，更加关注一个社会如何配置稀缺资源，包括生产什么、生产多少、如何生产等问题，从而使经济学从一门纯粹的阶级斗争学说逐渐变成离我们的改革开放和发展很近的致用之说。

第二，从封闭式的一花独放到开放性的百家争鸣。过去，传统的政治经济学分析范式一统天下，经济学研究盛行“打棍子”“扣帽子”。改革开放以来，我们在实践中面临的许多现实问题需要用经济学来解释，而传统的政治经济学往往无能为力。于是，经济学界除了用发展的眼光看待马克思主义经济学，使之具有与时俱进的特征外，还开始引进西方经济学的某些流派，来改造我国社会主义经济理论的分析范式。这里既包括新古典主义经济学、新制度经济学、新凯恩斯主义经济学、新增长理论、现代企业理论等西方主流经济学，也包括法国的结构主义经济学、美国的积累的社会结构学派、以罗默为代表的分析学派等西方新马克思主义经济学。尽管在引进与借鉴西方经济学的分析方法中存在某些照搬照抄的现象，但从总体上看，它对于推进我国社会主义经济理论发展所起的作用是不可抹杀的。

第三，从纯理论推导到十分重视理论联系实际。把马克思主义经济学教条化是过去长期形成的学风，研究者遵循的是从书本到书本、从概念到概念的分析方法，只关注研究的结论与马克思主义经典作家所说过的话是否一致，从而导致理论的僵化。随着改革的不断深入，我国经济学界在邓小平提出的建设有中国特色的社会主义理论的指导下，在经济学的研究中十分重视理论联系实际，直面经济改革与发展中遇到的重大问题，如初级阶段的社会主义理论，公有制与市场经济的结合，向社会主义市场经济的过渡，增长方式的转换，收入分配的调节，国有企业的改革，经济紧缩条件下的宏观经济政策选择，财税和金融体制的改革，经济全球化与信息化、工业化与城市化，加入WTO之后的我国对外开放，经济可持续发展等问题。经济学界不仅对这些重大问题给予实事求是的解释，而且提出各种对策性思考，供政府决策参考。

第四，从单调的分析方法到多元化的分析方法。过去，政治经济学通行的是整体主义的阶级利益分析方法和规范分析方法。这种分析方法对于理解社会主义制度为什么必然代替资本主义制度的发展规律是很有用的，但在讨论市场经济条件下稀缺资源如何最优配置时就显得单调一些。为了更好地研究我国在改革与发展中面临的各种问题，经济学界开始把规范分析与实证分析相结合、把定性分析与定量分析相结合、把静态分析与动态分析相结合。特别是在宏观经济的分析领域，计量经济的分析方法被广泛运用；在微观经济的分析领域，案例分析和博弈分析方法被广泛运用。社会主义经济理论分析方法的创新大大加快推进了我国经济学研究的现代化与国际化。

随着经济体制改革的不断深入，各种版本的社会主义经济理论教材也随之出现。尽管各个版本各有特色，力求在马克思主义经济学的指导下，回应我国改革开放与经济发展中面临的重大问题，但总是不如由萨缪尔森、斯蒂格利茨、曼昆等所著的经济学教材那样流行。当我们剖析其原因时，有人认为是研究对象的不稳定性导致了社会主义经济理论体系的不完全性；有人认为是全盘照搬西方教材导致社会主义经济理论缺乏独立的体系结构；有人认为是教条地理解马克思主义使社会主义经济理论不能解释当前改革开放中面临的各种问题。我们认为，除了上述原因外，还有一个重要的原因是方法论上的缺陷。

传统政治经济学来源于苏联社会主义政治经济学范式，由于这种范式既没有完整地体现马克思主义经济学的精髓，也无法应对市场化过程中出现的各种新问题，因此改革开放以后，绝大多数经济学家都感到原有范式存在着严重的缺陷，其中方法论上的缺陷非常关键。也就是说，在探讨市场经济的社会主义制度基础时采用的是马克思主义方法论，在分析市场经济运行时采用的是西方主流经济学的方法论，两者之间处于割裂状态。此外，建立在不同方法论基础上的马克思主义与西方经济学理论体系和所要解决的问题有着本质的差异。

西方主流经济学——新古典主义经济学在经济人与资源稀缺性假设前提下，研究一个社会是如何配置稀缺资源的，它主要涉及人们如何做出决策、如何相互交易和整体经济如何运行等问题，它遵循的是个体主义成本收益分析方法论。

该方法论假定每个参与交易的行为人都是在给定条件下追求自身利益最大化的理性人，如果经济人是完全理性的，信息是完全的，未来具有确定性和不存在外部性，那么在市场机制的作用下，从自身效用最大化出发的个人选择最终将导致社会利益最大化。这种个体主义分析方法包含以下内容：一是只有个人才有目标和利益；二是社会及其变迁产生于个人的行为；三是所有大规模的社会学现象最终都应该根据有关经济人的气质、信念、资源以及相互关系的理论加以解释[①]。后来一些经济学家针对新古典主义经济学的缺陷，修正传统的个体主义分析方法，把意识形态和认知结构纳入经济人行为理论中，同时引入了对环境的解释，从而认为在信息不完全的条件下经济人的理性是有限的。与个体主义分析方法相适应，新古典主义经济学运用成本–收益分析方法分析经济人的选择行为，即当行为人在做出生产什么、生产多少和如何生产的决策时都是在效用最大化的动机驱使下经过个体的成本–收益计算后才发生的。这里的收益是指来自贸易、分工交换的收益，成本除了转化成本或生产成本外，还包括新制度经济学所说的交易成本。新古典主义经济学就是运用个体主义和成本–收益分析方法，在需求–供给框架下采用均衡分析方法展开对资源配置的研究。

马克思主义经济学从唯物辩证法和历史唯物主义出发，认为经济学的研究对象是特定生产方式下的社会生产关系，

① 卢瑟福：《经济学中的制度：老制度主义和新制度主义》，中国社会科学出版社，1999。

而不是物的关系。根据生产力决定生产关系、经济基础决定上层建筑的历史唯物主义原理，社会存在决定社会意识，个人行为的结果是由社会力量所决定的，形成社会力量的各种社会整体及它们的相互关系不但决定个体利益的内容，还决定它的客观形成机制。因此，经济学分析的逻辑起点不应该是经济人，而应该是社会人。在社会人假设的基础上，马克思主义经济学形成了整体主义的阶级利益分析方法。方法论的整体主义具有以下特征：一是社会整体大于其部分之和；二是社会整体显著地影响和制约其部分的行为或功能；三是个人的行为应该从自成一体并适用于作为整体的社会系统的宏观或社会的法律、目的或力量演绎而来①。与整体主义分析方法相适应，马克思主义经济学用利益矛盾分析方法来揭示人类社会的发展规律。利益矛盾分析方法实质上就是阶级利益分析方法。

马克思主义经济学运用整体主义的阶级利益分析方法，从剖析商品开始，创立了劳动价值论，指出劳动是价值的源泉。建立在劳动价值论基础上的剩余价值论则指出资本家凭借对生产资料的占有无偿占有劳动者在剩余劳动时间里创造的剩余价值，因此无产阶级与资产阶级之间的阶级矛盾是不可调和的。在资本主义私有制条件下，一无所有的劳动者除了推翻旧制度外是不可能实现个体收益最大化的，劳动者的个体利益只有在整个工人阶级获得整体解放后才能实现最大

① 卢瑟福：《经济学中的制度：老制度主义和新制度主义》，中国社会科学出版社，1999。

化，而这只有通过消灭私有制、建立公有制才能达到。正是在这一方法论的指导下，马克思主义经济学通过揭示生产关系的内在联系，揭示出对生产发展起决定作用的基本矛盾和基本经济规律，并由此论证一定的社会生产方式的产生、发展和被更高生产方式替代的历史必然性[①]。

（二）方法论的二元性要求实现研究范式的创新

改革开放之前，传统的政治经济学（社会主义部分）基本上是照搬苏联的教科书，通常只研究生产关系，不涉及资源配置。该理论体系的设计从社会主义经济制度的建立开始，研究生产资料公有制、按劳分配体制，以及在公有制基础上的计划经济，最后探讨向共产主义社会的过渡。自我国走上改革开放之路后，随着市场化程度的不断提高，传统政治经济学教材与现实的脱节越来越严重，要求教材革新的呼声越来越高。理论界普遍认为，社会主义经济理论不仅应研究生产关系，而且应研究资源配置。西方经济学是一门研究稀缺资源如何配置的学问，随着研究对象范围的拓宽，人们开始有意识地借鉴西方经济学的方法与有关理论，研究我国在市场机制起作用条件下的资源配置。尽管我们在编写教材时一再强调应以马克思主义的方法论为指导吸收西方经济学的分析方法，并且也出版了一大批社会主义经济理论的教材，其中不乏优秀之作，但从总体上说，教材中的方法论二元性问题非常明显，从而导致理论体系在逻辑上的不一致性

① 马克思：《资本论》第一卷，人民出版社，1995。

和在论证上缺乏严密性。这主要表现在以下几方面：

第一，排斥西方经济学的分析方法，遵循传统的思路构建社会主义经济理论体系。这一统派认为马克思主义经济学与西方经济学在方法论上具有不兼容性，坚持马克思主义经济学就不能采用个体主义的成本-收益分析方法。这一统派的特征是坚持把经济学的研究对象界定为生产关系，即使研究资源配置，也是为了揭示其背后的人与人之间的经济关系。循着这一思路，他们从生产力与生产关系、经济基础与上层建筑的相互关系中探索社会主义经济制度的产生、发展以及向共产主义过渡的必然性，并采用整体主义的分析方法探究公有制与按劳分配制度的优越性。这种理论构架在解释生产关系的演变规律时富有说服力，但在解释市场经济条件下的资源配置时显得力不从心。例如，它难以逻辑一致地解释为什么在社会主义条件下必须发展市场经济，特别是它难

师门聚会是身为导师的幸福时刻。看着自己的学生在学界、商界、政界成长起来，感到此生最正确的选择是当老师

以回答市场经济和按生产要素分配是否内生于公有制条件，即它难以在理论上给出一个公有制与市场经济、公有制与按生产要素分配相兼容的充分证明。因此，这种版本的社会主义经济理论教材离我国当前改革开放的现实比较远。

第二，完全采用西方经济学的分析方法构建社会主义经济理论体系。这一流派的特点是把社会主义经济理论的研究对象定位于资源配置，并在经济人假设下遵循个体主义的成本-收益分析方法。它基本模仿西方经济学教科书的经典构架，通常分为微观经济分析、宏观经济分析、对外开放和经济发展等部分。这种体系结构对于解释社会主义初级阶段的市场经济运行机制，分析消费者、企业的选择行为，揭示供求规律、竞争规律、价值规律等具有比较明显的优势。由于这种构架与传统政治经济学教材的理论体系有重要差异，并且对于我国市场化进程中的许多经济现象有较强的解释力，从而一度在高校中比较流行。但运用个体主义的成本-收益分析方法显然难以解释为什么公有制必然代替私有制、为什么要坚持公有制为主体和按劳分配为主体的原则，解释这些问题的合适分析方法应是整体主义分析方法。因此，这种体系构架具有较弱的制度特色，离构建中国特色社会主义经济理论体系的目标还有较大距离。

第三，马克思主义经济学与西方经济学方法论的板块结合。按照上述板块结合的方法论，理论界一般会在构建社会主义经济理论体系时，分别在社会主义经济制度与市场经济运行机制的研究领域采用不同的分析方法。当在研究社会主义经济制度时，理论界一般把研究对象界定为生产关系，遵循在社会人假设下的整体主义阶级利益分析方法；当在研究市场经济运行机制时，他们一般把研究对象界定为资源配置，遵循在经济人假设下的个体主义的成本–收益分析方法。例如，在讨论社会主义初级阶段所有制结构时，采用整体主义的马克思主义经济学分析方法证明为什么在社会主义市场经济体制下应坚持公有制为主体。该方法可以证明，在私有制条件下无产阶级与资产阶级之间的矛盾是不可调和的，只有当全体劳动者成为生产资料的主人时，他们才可分享由其创造的社会财富。因此，市场经济的社会主义特征应由公有制为主体的原则体现。然而，我国的改革目标是让市场机制在资源配置中起基础性调节作用，为此就必须让企业成为产权独立、决策自主的市场主体。要把国有企业改造成自主经营、自负盈亏的社会主义经济理论市场竞争主体，就应沿着产权明晰化思路推进。当遵循产权规则探讨国有企业改革思路时，实质上是在采用个体主义的成本–收益分析方法。由于在讨论同一个问题时同时采用了两种相冲突的分析方法，因此直接影响了理论的逻辑性。在讨论按劳分配与按生产要素分配相结合等问题时，我们看到了相似的现象。

要走出由方法论的二元性所引发的社会主义经济理论体系缺乏逻辑性的困境，就应该及时进行方法论的创新，以与时俱进的态度发展马克思主义经济学。与时代相适应的经济学不仅要研究生产关系，还要研究资源配置，而且应在揭示资源配置规律的过程中剖析经济关系。只有这样，才能深刻揭示社会主义市场经济的运行机制。马克思主义经济学的创新首先要求进行方法论的创新，而方法论的创新依赖于观念的转变，既要避免对马克思主义经济学的整体主义分析方法的教条主义的理解，又要防止照搬照抄西方经济学个体主义的成本–收益分析方法，故而应从实际出发，遵循邓小平理论的精髓，实现方法论的创新，构建中国特色社会主义经济理论。

（三）创建中国特色社会主义经济理论体系

时代的变迁赋予经济学创新的动力和平台。中国的经济创新实践告诉我们，理论是灰色的，生命之树常青。所谓理论是指人们由实践概括出来的关于自然界和人类社会的知识的有系统的结论，它对人们未来的实践活动具有重要的借鉴与参考价值，但由于实践本身是不断变化的，如果把已有的理论奉为放之四海而皆准的真理，不敢越雷池一步，那就难免要犯错误。毛泽东曾说过，真正的理论在世界上只有一种，就是从客观实际中抽出来又在客观实际中得到证明的理论，没有任何别的东西可以称得起我们所讲的理论。也就是说，真正有生命力的理论并不是指那种从书本到书本、从概念到概念的纯粹思辨逻辑，而是指那种源于实践又回到实践最后被实践证明是正确的理论结晶。因此，概括自改革开放以来经济学发展的最大特点，那就是从过去的教条主义束缚中解脱出来，开始走向社会，走向实践，坚持问题导向，采用实证分析方法，回答改革开放中出现的重点与疑难问题，从而推动了经济学的创新。

实践证明，无论是照搬照抄马克思主义经典作家的个别结论还是照搬照抄西方经济学的定理都是危险的。但还有另一种值得注意的倾向是把西方主流经济学教条化，言必斯密、凯恩斯、科斯等。当实践与所谓的西方主流经济学不一致时，就断言实践错了，应按照西方主流经济学的逻辑来设计改革路径。其实，把马克思主义经济学或者西方经济学教条化，都会导致中国经济学的发展走入死胡同。我们常常看到在有关中国问题的研究中出现了一些伪命题，其原因在于理论忽视了所探讨问题的复杂性。因此，为了准确揭示我国的经济运行特点，就需要坚持马克思主义经济学的基本立场、观点与方法，推进马克思主义经济学的中国化进程，在吸收西方经济学的过程中注意中国的国情。概言之，就是要坚持实事求是，理论联系实际的学风。

要构建接地气的中国特色社会主义经济理论体系，就必须推进中国经济学研究范式和教学模式的创新。理论的生命力在于创新，但创新并非是贴标签，也不是故意的标新立异，更不是胡思乱想，而是跳出原有的思维定式，突破原有的理论框架和教条，立足现实，面向实际，解放思想。中国改革开放的伟大实践为经济学理论的发展提出了前所未有的机遇和挑战。在这种情况下，总结中国经济改革和经济发展的经验，从理论上科学地回答新的历史阶段提出的一系列新问题，推动经济学理论的创新和发展，努力建设和发展中国特色、中国风格、中国气派的经济学理论体系与教材体系，对于我国经济学学科的建设工作具有重大意义。

（四）倡导直面现实的经济学分析方法

我们通过方法论的创新构建中国特色社会主义社会主义

经济理论体系是为了更好地解释现实，从而有助于社会主义市场经济体制的建立，而不是玩弄方法论的游戏。因此，我们主张在完成这一方法论和理论的创新过程中坚持直面现实式的研究态度和方法。也就是说，当理论与实践相冲突时，让理论服从现实，而不是让现实适应理论。直面现实式的研究并非不要理论，而是从我国经济改革和经济发展中出现的特殊现象入手，通过对现象的深入剖析来检验现有的理论。如果现有的理论不足以回答现实的问题，那就需要我们反思理论本身，直至根据现实修正理论。

理论联系实际首先要反对教条主义。习近平总书记在2016年5月17日的哲学社会科学工作座谈会上指出："对待马克思主义，不能采取教条主义的态度，也不能采取实用主义的态度。如果不顾历史条件和现实情况变化，拘泥于马克思主义经典作家在特定历史条件下，针对具体情况做出的某些个别论断和实施的具体行动纲领，我们就会因为思想脱离实际而不能顺利前进，甚至发生失误。"[①]

特定的制度环境和转轨过程造成我国的企业、政府及家庭对经济变量波动的反应总隐含着某些特殊的诱因，而这些诱因很容易被看似相同的行为方式给掩盖起来。特别是当统计数据的真实性受到怀疑后，经验实证会被大大地限制。要从一堆杂乱无章的表象中理出有用的线索是非常困难的，如果我们仅仅从理论出发，常常会得出背离真实情况的结论，这就需要我们采用直面现实式的研究方式，使理论与实际结

① 习近平在2016年5月17日哲学社会工作座谈会上的讲话。

合起来。

直面现实就是要坚持问题导向的分析方法，习近平总书记在哲学社会科学工作座谈会上强调了问题导向分析方法对于实现马克思主义中国化的重要性，他指出：“坚持问题导向是马克思主义的鲜明特点。问题是创新的起点，也是创新的动力源。只有聆听时代的声音，回应时代的呼唤，认真研究解决重大而紧迫的问题，才能真正把握住历史脉络、找到发展规律，推动理论创新。”[①]直面现实式的经济学分析方法要求实现经济学的现代化。学术界对经济学的现代化有不同的看法。一种极端的看法是，经济学的大厦只有一座，那就是以个体主义的成本-收益分析为主线的西方主流经济学。我国经济学家所做的工作就是为这座大厦添砖加瓦，实现经济学的国际化，不存在一个具有独立理论体系的中国经济学。但另一派对此不以为然。他们根据我国国情的特殊性，强调西方经济学的不适应性，主张推行经济学的本土化，即建立完全由我国经济学家独创的、以我国的经济运行为研究对象的、有独立分析范式的中国经济学流派。我认为，经济学的现代化既不是纯粹的国际化，也不是纯粹的本土化，而是两者的有机结合。

经济学的现代化当然离不开国际化。如果把中国经济学看成是与已有的任何经济学流派没有血脉关系、完全由自己独创的理论体系，那么这样的中国经济学很难与其他已有的任何经济学派在一个共同的平台上进行国际交流。因为任

① 习近平在2016年5月17日哲学社会工作座谈会上的讲话。

何学术流派的产生和发展总是站在前人的肩膀之上的，对前人丰富思想的继承和发展不仅可使后人少走许多弯路，而且可使学术思想具有可交流性。由于长期的封闭以及传统政治经济学的思维惯性，国内经济学研究常常不强调对经济学本身的贡献，认为这是理论脱离实际的闭门造车，而更关注自己的观点和对策是否被政府所采纳，是否得到社会的赞赏和认同。在研究中强调的是“我怎么认为”，而不问自己“我为什么这样认为”，从而热衷于提观点，而忽视对观点的证明。国外的经济学家则遵循学术传统和学术规范，强调学术观点的提出必须有根有据，因此计量分析和实证分析十分流行，这也导致了经济学研究的日益专业化分工。显然，国际化是走出上述困境的有效途径。

然而，国际化并非经济学现代化的全部内容，特别是不等于照搬照抄西方经济学。改革开放以来，西方经济学受到了人们的青睐。这对于推进中国经济学的现代化是有意义的。但同时出现的对西方经济学的盲目崇拜现象值得引起我们关注，尤其是有些学者用西方经济学的命题来检验现实，凡是出现偏差都认为是实践出了问题，甚至以与西方主流经济学对接的程度来衡量经济学的现代化程度。事实上，受特定制度环境和转轨过程的影响，中国的经济问题具有复杂性，有时用在严格假定下的西方经济学逻辑来梳理纷繁的经济线索是困难的，甚至会得出远离中国国情的荒谬结论。这就要求我国的经济学家为了揭示问题的实质，要从现象出发，而不是从理论出发。这种从中国国情出发来吸收与消化西方经济学，创立既符合国际的学术规范，又能解决中国问题的经济学，我们称之为本土化的经济学，它也构成经济学现代化的重要内容。

因此，中国经济学的现代化实际上包含着国际化与本土化的双重含义，即在吸收西方经济学的过程中注意中国的国情，在解答我国实践中面临的各种问题时注意吸收西方经济学中反映市场经济一般运行规律的理论与先进的分析方法。因此，如果把中国经济学界定为推进经济学国际化的同时，根据我国改革和发展中面临的实际问题，拓宽某些假定条件，或通过案例分析、计量分析等来检验经济学界的某些经济学流派的某些结论或基本理论体系，进而使这种经过修正和发展的经济学流派打上鲜明的中国烙印，那么这样的中国经济学不仅是存在的，而且有着很好的发展前景。我国正在进行的改革开放实践为中国经济学的诞生和发展提供了大量的案例和取之不尽的研究素材，世界上越来越多的经济学家关注和研究中国的经济问题，原因就在于此。我国经济学国际化与本土化的交互作用所推进的现代化过程将催生出中国经济学。

直面现实的经济学分析方法要求经济学具有开放性。首先是学术思想来源的开放性。在以与时俱进的态度发展马克思主义经济学的同时，广泛吸收各种经济学流派中有价值的思想，构建既能与国际主流经济学交流，又能解释和解决我国实际问题的中国经济学理论体系。其次是学术队伍的开放性。活跃在我国经济学舞台上的既有戴“洋”博士帽的“海龟派”，也有土生土长的“土鳖派”，还有半土半洋的“海带派”。应在“土”“洋”结合中实现中国经济学的现代化。再次是学术观点的开放性。在经济学的讨论中，不再是只有一种声音，而是多种声音并存，兼容并包成为学术发展的一种特色。最后是专业化分工合作的格局将逐步形成。过去，每个经济学工作者都是“大家”，即他几乎在每个经济学的分支领域都能发言，“不深不透”成为当时的经济学讨论的现状。随着经济学现代化进程的加快，经济学研究的专业化倾向将越来越明显，即每个经济学工作者在全面掌握经济学原理的基础上，重点关注若干研究领域。然后，在专业化分工的基础上，实现经济学说史上新的综合，从而完成经济学理论体系的创新。

直面现实式研究经济学的分析方法要求摆脱传统政治经济学重规范轻实证、重定性轻定量、重演绎轻归纳、重结论轻证明的旧轨道，实现经济学分析方法的创新。这主要表现在以下几个方面：首先，重视实证分析方法。规范分析是

在论坛上演讲

考察经济行为的结果，并做出价值判断。实证分析则涉及解释和预测。经济学作为一门应用性很强的科学，目的是解释各种经济现象，用观察到的事实来检验理论，并用理论来构造模型，进而运用模型来做出对厂商的经营决策和政府公共政策都很重要的预测。所以，实证分析就成为现代经济学的主要分析方法。其次，重视计量分析方法。经济学要回答人们如何利用有限的稀缺资源去最大限度地满足人类的需要，这就需要知道人们需要什么，我们有多少资源，什么样的投入产出关系是最有效率的等。为此，就需要运用经济统计和经济计量方法去搜集信息、利用信息做出个人的决策或制定政府的政策。为了做出更好的预测，就需要建立经济模型，即运用数学语言来表述两个或多个变量之间的假设关系，使经济预测建立在客观科学的基础上。最后，更加重视经济观点的证明。经济学作为一门科学必须遵循国际通行的学术规范，经济学者不仅应博览群书，而且更应深入实际，发扬理论联系实际的学风。重要的不在于有什么新观点，而在于每一个观点的得出都有严格的论证过程，能经得起实践和时间的考验。

附录

一 主要学术成果

主要论文

1.《对转轨时期经济体制的再探讨》，《上海经济研究》1986年第1期

2.《市场利率并不是中央银行实行间接控制的手段》，《金融研究》1986年第5期

3.《试论国有资产价值递增承包责任制——兼评资产经营责任制》，《经济研究》1986年第11期

4.《改革全民所有制的困难及对策》，《管理世界》1986年第5期

5.《非对称性：对企业行为的实证描述和规范分析》，《南京大学学报（哲学·人文科学·社会科学）》1987年第1期

6.《广义价格论》，《安徽财贸学院学报》1987年第2期

7.《产权明晰化与双层股份制模式》，《经济研究》1988年第2期

8.《法人资产制度与企业自负盈亏》，《经济研究》1988年第8期

9.《价格改革新思路探索》，《学习与探索》1988年第6期

10.《企业自有资金的产权界定及股权归属》，《中国：发展与改革》1988年12月号

11.《试点中股份制变形及改革思路选择》，《管理世

界》1989年第3期

12.《产权制度变革与宏观控制方式的转变》（与胡乃武合作），《经济学家》1989年第4期

13.《产权制度变革与商品经济新秩序的建立》，《江海学刊》1989年第5期

14.《论市场经济条件下的适度政府干预》（与胡乃武合作），《经济学家》1993年第2期

15.《双轨价格向市场价格过渡的经济分析》，《经济理论与经济管理》1993年第3期

16.《论制度供给》，《经济研究》1993年第8期

17.《非均衡理论与宏观经济学的微观基础》，《经济学动态》1993年第10期

18.《论我国制度变迁方式与制度选择目标的冲突及其协调》，《经济研究》1994年第5期

19.《交易费用理论与现代产权经济学》，《世界经济研究》1995年第1期

20.《国有企业股份制改造的理论思考》（获得第八届孙冶方经济科学论文奖），《经济研究》1995年第2期

21.《论所有权与控制权分离下的委托代理关系》，《财经研究》1995年第2期

22.《外部效应与产权安排》，《经济学家》1995年第5期

23.《一个关于企业所有权安排的规范性分析框架及其理论含义》（与周业安合作），《经济研究》1997年第1期

24.《论国有经济中的多级委托代理关系》，《管理世界》1997年第1期

25.《国企宜实行分类改革》，《前线》1997年第3期

26.《企业自主权是大了还是小了》，《改革》1997年第6期

27.《论股份制条件下的经营者行为与所有权约束》，《教学与研究》1997年第12期

28.《我国制度变迁方式转换的三阶段论——兼论地方政府的制度创新行为》，《经济研究》1998年第1期

29.《论利益相关者合作逻辑下的企业共同治理机制》（与周业安合作），《中国工业经济》1998年第1期

30.《国有企业的分类改革战略》（与张宇、韩小明、雷达合作），《教学与研究》1998年第2、3期

31.《国有企业双层分配合约下效率工资假说及其检验》（与周业安、张玉仁合作），《管理世界》1998年第1期

32.《相机治理与国有企业监控》（与周业安合作），《中国社会科学》1998年第3期。

33.《交易费用与企业所有权分配合约的选择》（与周业安合作），《经济研究》1998年第9期

34.《职工参与公司治理的意义》，《光明日报》（理论版）1998年9月4日第6版

35.《"中间扩散"的制度变迁方式与地方政府的创新行为》，收录于《中国制度变迁的案例研究（第二集）》，中国财政经济出版社1999年版

36.《国有企业的战略性调整与治理结构创新》，《中国人民大学学报》1999年第6期

37.《公司上市定价的经济学解释》（与赖步连、周业

安合作），《中国工业经济》1999年第9期

38.《阶梯式的渐进制度变迁模型——再论地方政府在我国制度变迁中的作用》（与杨其静合作），《经济研究》2000年第3期

39.《从技术创新透视外部网络化对企业治理结构的影响》（与胡琴合作），《学习与探索》2000年第6期（《新华文摘》2001年第3期全文转载）

40.《专用性、专有性与企业制度》（与杨其静合作），《经济研究》2001年第3期

41.《竞争、内部人控制与经济绩效——许继集团治理结构及其绩效的经济学解释》（与郑志合作），《中国工业经济》2001年第10期

42.《生产力跨越式发展的制度经济学分析》，《中国人民大学学报》2002年第2期

43.《试析我国企业家形成机制的缺陷及其改进思路》，《学术月刊》2002年第6期

44.《伴随着时代变迁的理论经济学演进》，《经济学动态》2002年第11期

45.《市场经济条件下诚信的制度基础》，《求是》2002年第18期

46.《关于诚信的制度经济学思考》，《中国人民大学学报》2002年第5期

47.《精神文明建设的经济学解释》，《人民日报》2003年6月2日第9版

48.《不断促进人的全面发展》，《人民日报》2003年8

月5日第9版

49.《追踪新制度经济学的最新发展动态》（与杨其静合作），《经济学动态》2003年第11期（《新华文摘》2004年第2期全文转载）

50.《企业间网络的效率边界：经济组织逻辑的重新审视》（与冯健合作），《中国工业经济》2003年第11期

51.《我国企业治理结构的改变——由“股东至上”到“共同治理”》，《光明日报》2004年2月19日理论版

52.《所有制、所有权、产权》，《人民日报》2004年11月9日第9版

53.《正式契约的第三方实施与权力最优化——对农民工工资纠纷的契约论解释》（与卢周来合作），《经济研究》2004年第5期（《新华文摘》2004年第7期全文转载）

54.《对劳动管理型企业的经济学研究：一个方法论的评述》（与卢周来合作），《中国社会科学》2005年第2期

55.《不完全契约理论：一个综述》（与聂辉华合作），《经济研究》2006年第2期

56.《科斯定理与国家理论——权力、可信承诺与政治企业家》（与邢华合作），《学术月刊》2007年第1期。

57.《父亲身份、政治关系和子女收入》（与王宇峰、刘和旺合作），《经济学》2010年第2期

58.《上访与对地方官员问责：一个新政治经济学的视角》（与尹振东、桂林合作），《经济研究》2010年第12期

59.《“准官员”的晋升机制：来自中国央企的证据》（与王元、聂辉华合作），《管理世界》2013年第3期

60.《“改革的顶层设计”笔谈之七以混合经济为突破口推进国有企业改革》，《改革》2014年第5期

61.《经济新常态阶段的新挑战》，《中国高校社会科学》2015年第3期

62.《制度能缓解社会冲突对企业风险承担的冲击吗？》（与章逸然、杨继东合作），《经济研究》2017年第8期

63.《新时期新国企的新改革思路——国有企业分类改革的逻辑、路径与实施》（主笔），《经济理论与经济管理》2017年第5期（《新华文摘》2017年第17期全文转载）

64.《职工监事、经济民主与企业内收入分配——央企上市公司的经验证据》（与刘诚、党力合作），《中国人民大学学报》2017年第4期

65.《建立现代化经济体系必须处理好政府与市场之间的关系》，《经济理论与经济管理》2018年第1期

主要著作

1.《股份制与当代中国企业改革》，中国展望出版社1992年版

2.《宏观非均衡的微观基础》，中国人民大学出版社1994年版

3.《现代企业产权制度》（获得北京市第五届哲学社会科学优秀成果二等奖），中国人民大学出版社1996年版

4.《当代主流企业理论与企业管理》（主编）（获得北京市第六届哲学社会科学优秀成果一等奖），安徽大学出版社1998年版

5.《企业的利益相关者理论及其应用》（与周业安合著）（获得第三届中国高校人文社会科学研究优秀成果一等奖），经济科学出版社2000年版

6.《企业共同治理的经济学分析》（主编）（获得北京市第八届哲学社会科学优秀成果一等奖），经济科学出版社2001年版

7.《面对制度之规》，中国发展出版社2000年版

8.《国有企业治理结构创新的经济学分析》（主编）（获得第四届中国高校人文社会科学研究优秀成果三等奖、北京市第七届哲学社会科学优秀成果一等奖），中国人民大学出版社2001年版

9.《企业理论：现代观点》（主编），中国人民大学出版社2005年版

10.《全球经济调整中的中国经济增长（分报告二）》（主笔），中国人民大学出版社2007年版

11.《工资形成机制变革下的经济结构调整——契机、路径与政策》（主编）（获得第七届中国高校人文社会科学研究优秀成果三等奖），中国人民大学出版社2012年版

12.《内需可持续增长的结构基础与政策选择》（主编）（入选"国家哲学社会科学成果文库"），中国人民大学出版社2014年版（被翻译成英文在国外出版，*The Structural Foundation of Sustainable Development of Domestic Demandand Policy Choice of China*，McGraw Hill Education，2017）

13.《国有企业分类改革的逻辑、路径与实施》（主

笔），中国社会科学出版社2017年版（被翻译成英文在国外出版，*The Logic, Pathand Implementationof Soe Reform by Category*, McGraw Hill Education，2017）

14.《社会主义经济理论》（第三版）（主编），中国人民大学出版社2018年版

二 代表性论文

国有企业股份制改造的理论思考①

杨瑞龙

1. 引言

已被广泛认同的国有企业改革的基本思路是：通过对国有企业实行股份制改造，既使国家仍然保持出资人身份，又使企业具有独立的法人资格，并以盈利为目标参与市场竞争，国家只以投入资本额承担有限责任，从而使国有制与市场经济相兼容。显然，以上推论的成立至少隐含了以下假定：①在国家拥有剩余索取权的条件下，政企关系是可分离的；②国有产权主体仅追求国有资产的保值和增值；③国有企业应该而且能够以利润最大化为唯一目标经营国有资产；④剩余索取权是否具有可转让性与法人财产权的确立无关；⑤国家作为出资人能在不影响企业产权独立化的前提下，通

① 原文发表于《经济研究》1995年第2期。

过设置最优化的激励约束机制，有效地保护国有产权；⑥多级代理的成本小于其收益。

然而，当上述某些假定可被证伪时，我们将发现，在国家拥有剩余索取权的条件下对国有企业进行股份制改造，可能既会弱化国有企业在弥补市场缺陷方面的特殊功能，又因国有产权得不到有效保护而使国有资产流失不可避免，还会因企业产权难以独立化而使提高国有资产营运效率的初衷得不到充分的实现，其结果可能是既不利于坚持公有制，又难以完成向市场经济体制的过渡。因此，本文的逻辑结论是，采用多级代理方式对国有企业进行股份制改革的思路存在根本性缺陷，主张在对国有企业进行分类的基础上，对宜保持国有性质的企业就不应按照营利性的法人企业制度规范进行改造，其主要功能是解决市场失灵问题及贯彻某些社会目标；对宜完全进入市场的竞争性国有企业应选择在非国有化的前提下向法人企业制度过渡的改革思路。

2. 国有产权的属性及与市场经济相兼容的可能性

（1）国有产权的属性。

理论界常常套用现代产权理论中对公共产权的解释，把产权归属的不明确性视为国有产权模糊的集中表现，这其实混淆了公共产权与国有产权的不同含义。公共产权具有以下特征：一是产权的不可分性，即财产在法律上是公众所有的，但构成公众的每一成员都不能对财产声明所有权；二是使用权的非排他性，即公众都可为使用这一财产而自由地进行竞争，任何人都无权排斥他人使用它；三是外在性，即每一成员在对公共财产行使权利时，会影响和损害别的成员的利益；四是产权的不可转让性。

国有产权是指国家依法享有国有企业财产的排他性权利，它具有与公共产权不完全相似的属性。一是产权归属的唯一性。宪法规定国家是国有资产的唯一所有权主体，并禁止任何组织或个人用任何手段侵占或者损害国有资产的行为。二是产权经营的代理性。由于国家主权者是一个抽象的概念，因此由国家权力执行机构——政府代理国家行使国有产权是其逻辑选择。三是权利配置遵循等级规则。与政府代理相适应，先界定决策人在行政系统中的等级位置，然后赋予其与此等级相适应的国有资源配置权。四是使用权的排他性。没有政府的授权，任何组织或个人占用或处分国有资产均被视为非法行为。五是产权的不可分性。代理国家行使国有产权的法人或自然人均不能对国有资产声明所有权。六是收益归属的确定性。除了国家之外，其他任何个人或团体均不能提出对国有资产的剩余索取权。七是剩余索取权的不可转让性。因为剩余索取权的转让与企业的国有制性质不可同时并存。

（2）国有产权“模糊”的含义。

根据现代产权理论，产权模糊总是与外部性及不确定性相联系，它一般发生在以下两种场合：一是如果产权的归属是不清晰的，则意味着没有人对该项财产的价值（租金）具有排他性的所有权，从而必然使搭便车行为盛行；二是如果产权的归属是清晰的，但产权的保护是低效或无效的，即法律制度不能充分界定当事人能够做什么或不能做什么的行为边界，从而产权包含着一个当事人或其他当事人受损或受损的权利分配，则当事人会利用自己的财产去损害他人的利益，使外部性普遍存在。

从前述对国有产权的定义来看，国家对国有资产拥有的各种权利在法律上已被明确界定，因此，把国有产权模糊说成“所有者缺位”或“所有权虚置”是不确切的。看来问题的关键是，国家在国有资产上的各种权利得不到切实有效的保护从而导致国有企业的低效率是国有产权模糊的集中表现。国有产权屡受损害而得不到有效制止显然与国有产权的内在规定性有关。

第一，行政权对所有权的损害，以公法人身份出现的政府是履行国家管理职能的机构，它与私法人的区别在于，它既不是以社员权利为基础的人的集合体，也不是以提供带有一定目的的财产为基础的财产的集合体。因此，政府在行使国有产权时，更为关注的可能不是盈利目标，而是诸如经济高速增长、实现充分就业、抑制通货膨胀、维护社会稳定和政府权威等社会经济目标。这就可能产生以下后果：一是政府常常凭借所有者身份，为企业设置体现社会偏好的激励约束规则，甚至不惜牺牲企业效率来实现政府目标；二是当企业目标与社会偏好不一致时，为了使企业的经营行为与政府期望实现的目标相一致，政府常常借助行政权来约束企业行为，即行政干预不可避免；三是由于企业承担了社会责任，成本与利润指标并不确切反映企业的努力程度，因此当企业陷入困境时，政府不会坐视不救，而会给予外部援助。行政权对所有权的侵害说明政企不分是国有制的内生现象。

第二，政府难以行使退出权来保护国有产权。当国家与企业之间被视为一种隐含的长期合约关系时，如国家用提供工作或就业保障的承诺去交换企业努力提高国有资产经营效率的承诺，为解决“履约问题”，合约双方应拥有中止合约关系的退出权作为惩罚性对策使自身权利免受他人损害。然而，当政府作为合约一方履行所有者职能时，它通过行使退出权（如宣布企业破产，给企业“断奶”等）惩罚企业的违约行为（企业的低效率），这种威胁事实上是不可信的。因为政府所承担的社会责任使其一旦解除与企业的合约将承担巨大的潜在退出成本，如由失业率上升引起社会不稳定等。同时，因剩余索取权的转让与国有产权不可能同时并存，为了保持企业财产的国有性质，政府就必须始终拥有剩余索取权。剩余索取权的不可转让性使退出权的丧失具有双重含义，即所有权主体的非人格化资本行为不可能通过剩余索取权的转让得到根本改变，且政府无法通过转让企业产权或股权来解除与企业的合约关系。这样，国家与企业之间的长期隐合约关系就变为一种特殊的长期“保险”合约关系（张军，1994）。

第三，剩余索取权具有不可转让性，不仅意味着企业的自主权只能局限于生产领域、销售和库存方面，企业无权根据市场需求自主处分企业财产，而且意味着政府不能以出让企业财产的方式退出与企业的合约来保护国有产权。这就使执行合约的监督成本很高，道德风险不可避免，即企业会利用政府无法行使退出权实施惩罚的弱点和不对称的信息，做出能最大限度增进自身利益但可能有损于国有产权的违约或欺诈行为，造成企业的低效率。

（3）国有产权与市场经济相兼容的可能障碍。

市场交易的本质是在交易者平等和自愿的基础上追求效用函数最大化的产权交易。在交易费用大于零的条件下，与市场经济相适应的一套法律上强有力的产权制度至少应包含如下内容：一是产权安排，即通过产权界定，确定谁有权做什么并确立产权规则。科斯认为，权利应让与那些能够最具有生产性地使用权利并且有激励他们这样使用动力的人，从而可降低权利让渡的成本，提高合作的概率（科斯，1992）。二是企业产权结构的安排。为了克服企业内部各种要素所有者之间在团队生产中的偷懒和搭便车行为，就需要形成一套能提高企业产权结构效率的激励约束规则，以降低交易费用。三是有效的产权保护。这包括合约各方可通过行使退出权保护自己的权益，以及法律制度能通过强制惩罚一切破坏现有产权关系的行为和由此产生的威慑力量来实现对产权的保护。

由国有产权的属性及市场经济对初始权利安排的要求来看，不难发现，国有产权与市场经济的冲突集中体现在以下两个方面：一是所有权主体的非人格化资本行为与要求企业以盈利为目标经营国有资产之间的冲突。当政府作为所有权主体时，因其所承担的社会责任，它未必会把国有资产的保值和增值作为唯一目标，政府在与企业签约时，很可能会向企业输入与利润最大化目标相悖但体现社会偏好的约束规则。然而，为了完成向市场经济体制的过渡，客观上要求企业以利润最大化为目标参与市场竞争。为此就需要实现政企分开，在产权明晰化的基础上，避免行政权对所有权的损害，且合约各方均能行使退出权来保护自身权益。显然，除非政府放弃履行所有者职能或使所有权退化为债权，否则上述改革目标就很难达到，而这可能使国有制名存实亡。二是剩余索取权的不可转让性与要求企业产权具有可交易性之间的冲突。市场交易本质上是产权的交换，国有企业若成为真正的市场竞争主体，就不仅有权占用，而且可以自主处分企业资产，一旦经营失败，企业就可能破产或被接管。企业产权的这种可转让性，显然依赖于剩余索取权的可转让性。然而，剩余索取权一旦发生转让，企业的国有制性质就难以维持。如果剩余索取权不可转让，则不仅限制了企业产权的转让，难以使股权分散化和企业产权独立化，而且因退出的不可能性及外部援助的存在使产生道德风险的可能性增大，从而难以确立法人资产制度。

迄今，国有企业改革尚未取得突破性进展的症结在于，不管是承包制还是试行中的股份制都没能解决上述两大冲突，政府有可能向企业放权利，但很难下放责任。伴随着扩权步伐的加快，企业的效率固然有所提高，但屡屡发生的国有产权受侵害的现象越来越难以容忍。于是，政府在扩权与收权中左右为难，导致企业改革走走停停。

3. 国有制条件下多级代理的可行性考察

（1）寻找代理与模拟资本制度。

解决前述两大冲突的最新尝试是，在国家拥有剩余索取权的条件下，通过多级代理把资本制度模拟出来，从而把国有企业改造成产权独立化的营利性法人企业。具体构想是，从政府机构中分离出专职代理国家行使所有者职能的国有资产监督管理局，再由资产局授权次级代理人（如控股公司等）经营国有资产，并以国有资产的保值与增值为目标激励约束资产经营公司的行为。然后，由资产经营公司与企业法人建立委托代理关系。[①]然而，这种以剩余索取权不发生转让为条件的模拟资本制度在实践中将会遇到一系列挑战。

资产局及控股公司本身只是代理国家行使国有产权的法人机构，所有权仍归属于国家。根据委托代理理论，由于委托人与代理人目标函数的不一致性，代理人就可能利用委托人的授权从事有损于委托人权益的活动。因此，出资人对代理人行为的监控对于保护产权是至关重要的。有人用西方国家的信托投资公司、保险公司等法人机构已成为主要持股者这一事实，说明实现多级代理有可能在不转让剩余索取权的条件下使国有股权的操作行为资本化。但他们忽视了这样一个事实，法人机构代理行为资本化的前提是，拥有剩余索取权的委托人是私人投资者，他可以不在乎其投入资本所代表的是哪一家企业，但他十分计较资本收益率。如果收益率过低，出资人可行使退出权中止与代理机构的合约，从而迫使代理人以保证出资人的利益行事。

出资人对代理人的所有权约束主要包含两个方面：一是剩余索取权，即出资人获取扣除其他生产要素报酬后的企业盈余，这是出资人出让资本控制权与监控代理人行为的动力所在；二是最终控制权，它包括选择代理人及行使退出权。

① 笔者过去也曾沿着这思路作过探索，请参见拙作：《产权明晰化与双层股份制模式》，《法人资产制度与企业付负盈亏》，分别载于《经济研究》1988年第2.8期。

现在面临的难题是，实现多级代理后，由谁担任委托人的角色？如果仍由政府履行所有者职能，则政府在对资产局行使所有权约束时必将受多元化目标支配，且难以用中止合约的手段惩罚代理人的违约行为。这不仅使资产局在行政干预下难以只按照资产的保值和增值为目标管理国有资产，而且因缺乏出资人的退出威胁而难以有效抑制代理人的偷懒与损害出资人利益的行为。当无法通过寻找代理模拟出一个仅关注资本收益率的资本所有者时，就难以把国有企业塑造成具有敏感边际行为的市场竞争主体。

有人主张由人民代表大会取代政府作为资产局的委托人，其理由是国有制只是全民所有制的实现形式。然而问题在于，人代会在监控国有资产的运作时也未必只追求资产的保值和增值，它也可能会向资产局输入充分就业、社会稳定等社会目标，并且在行使退出权时也会遇到重重障碍。如果出资人的所有权形同虚设，则很难保证代理人的行为与出资人的利益相一致；如果所有权约束具有不确定性与随机性，就很难使代理人形成稳定的收益预期。在以上条件下，资产局可能会因受到过多的干预而演化成“第二政府”，或者会因缺乏必要的约束而使出资人利益受损。由此可见，多级代理有可能弱化行政干预，但无法彻底解决由行政权对所有权的损害所引发的政企不分问题。

（2）多级代理与法人资产制度的建立。

实行多级代理的目的无非是期望通过所有权与控制权的分离，实现国家作为出资人拥有剩余索取权，并只承担有限责任，企业拥有法人财产权，追求利润最大化。然而，法人资产制度的建立至少应满足以下条件：股东符合人格化资本假说、股权分散化、股份的可转让性、有限责任原则的确立、最优化激励约束机制的设置等等。然而，当剩余索取权具有不可转让性时，多级代理很难充分创造出以上条件，从而难以建立起法人资产制度。

第一，当剩余索取权不可转让时，企业资产很难通过股权分散化取得独立的法律形式。股权分散化对于确立法人财产权的意义在于，当股权分散到一定程度，任何一个股东既没必要也没可能直接控制企业时，企业产权便独立化了。国有企业完成股份制改造后，资产局不仅是一家公司，而且是所有公司的最大股东。剩余索取权的不可转让性意味着股权集中化的格局不可能通过股份转让来改变。由于股权非常集中，资产局很容易或者通过操纵股东会来控制董事会的组成，进而由听命于资产局的董事会任免经理来控制企业的经营活动，或者通过垄断股票市场来达到控制企业的目的。当企业产权不能独立化时，自然难以确立法人资产制度。

第二，当剩余索取权不可转让时，就很难确立有限责任原则。从理论上讲，国有企业完成股份制改造后，企业一旦破产或被清算，国家只以投入资本额承担有限责任。但由于剩余索取权具有不可转让性，因此即使委托人对企业的经营状况不满，或者股票价格持续下跌，委托人也无法通过转让股票中止与企业的合约来惩罚代理人的违约行为和尽可能减少自己所承担的风险。再加上国家所承担的社会责任，它也不愿意看到企业倒闭。因此，当企业经营陷入困境时，对于资产局来说，与其任其破产或被清算，倒不如给予援助帮助其脱离困境，后者更为理性化，故而国家实际上仍承担着无限的责任。

第三，当剩余索取权不可转让时，很难形成最优化的激励约束机制。实现多级代理后，由于代理人不是风险承担者，为了防止代理人的违约行为，委托人必须通过对代理人行为的激励和约束来保护出资人的权益。但由于剩余索取权具有不可转让性，出资人与企业法人的合约关系具有不可解除性，即出资人无法通过转让股份转移资本，除非出资人破产，否则企业一般不会倒闭。当委托人缺乏必要的手段惩罚代理人的违约和欺诈行为，反而使代理人几乎不必担心企业因被其他投资者所接管或破产而丧失职位时，出资人的权益就很难得到有效的保护。

第四，当剩余索取权不能转让时，企业不可能拥有完全的法人财产权。法人财产权应包括法人对企业资产的排他性占有、支配、收益和处分权。但是，企业产权的转让必将影响出资人对该企业的剩余索取权的拥有，为了使该企业的最终归属保持不变，资产局就有必要限制法人自主处分企业资产的行为。当企业法人不能根据产业结构的变动趋向，通过转让企业产权自由退出或进入某产业时，法人财产权就变得很不完全了。

（3）多级代理的成本与收益比较。

即使我们假定通过多级代理可以实现政企分开和确立法人财产权，但是，每一级代理关系都会因代理人与委托人效用函数的不一致性而发生代理问题（Jensen and Meckling，1976），所以多级代理所产生的代理成本总和是很高的。这些代理成本包括：向代理人支付的薪金、奖金等费用；代理人为追求非货币物品所导致的企业成本上升和利润减少；由代理人的决策与使委托人利益最大化的最佳决策之间存在的差异所导致的企业效率损失。

为了降低代理成本，委托人就需要通过契约关系来约束代理人行为。但由于剩余索取权具有不可转让性，国家难以行使退出权来惩罚代理人的违约和欺诈行为，而只能主要通过对代理人行为的直接监督来保护产权。在信息不对称的条件下，这种直接的行为监督不仅难度大，而且可靠性低，其监督成本必定是很高的。尤其是制定和执行合约的环境具有不确定性，如果委托人不能在合约中充分考虑到环境的各种可能变动，那么为代理人规定一般的行为规则或决策程序就会限制企业对环境变化做出灵活反应的能力。因为合约中确定的约束规则越完整、明晰，代理人的自由选择空间就越狭窄，企业行为就越僵化，可能丧失的获利机会就越多。而要在合约中充分预测环境的不确定性几乎是不可能的。因此，这种约束行为本身可能会因代理人经营行为受限制而使企业效率损失，即为降低代理成本，可能要支付昂贵的约束成本。

国有企业的股份制改造必定是多级代理。在实践中，不仅每一级代理关系的形成都需支付很高的交易费用（如建立新的机构所需的费用、签约费用等），而且随着代理级数的增多，产权保护的动机具有衰减倾向。因为履行委托人职能的行为人对于上一级代理关系来说又是代理人，他并不拥有剩余索取权，即使他的货币收入与资本收益相挂钩。因为当他尽力保护产权时，他可能要承担全部成本而仅获得一小部分剩余，但当他以偷懒或违约的方式消费额外收益时，他可得到全部好处却只承担部分成本。故而他可能与下层代理人一样具有偷懒动机而较少关注产权的保护。这样，越是处于下层的代理人就越容易利用各级代理人监控动机弱化的弱点，从事以损害最终出资人的利益为代价来满足自身利益最大化的活动。

由此可见，多级代理尽管可以通过减少行政干预、增强企业活力等途径来获取代理收益，但必须支付很高的总和代理成本和约束成本。

4. 国有制条件下多级代理的可能后果

（1）国有资产流失的不可避免性。

剩余索取权与控制权相分离后，就必然会因代理人与委托人效用函数的不一致性而产生代理问题。为了防止代理人利用委托人的授权从事有损国有股权益的活动，就需要通过事先的激励和事后的惩罚来约束代理人行为。显然，代理人努力程度的信息对于双方达成一个理想的合同是至关重要的。然而，代理关系下的信息具有明显的非对称性，即代理人可能拥有独家信息。阿罗（Arrow，1985）把这类信息区分为隐蔽行动和隐蔽信息。前者包括不能为他人准确观察或臆测到的行动，因此，对这类行动订立合同是不可能的。后者则指代理人对事态的性质有某些可能不够全面的信息，这些信息足以决定他们的行动是恰当的，但委托人则不能完全观察到。这样，即使代理人的行为可被委托人不付代价地观察到，但他们仍不能断定这些行动是否符合自己的利益。不对称的信息必将诱发道德风险，即代理人在最大限度地增进自身利益时做出有损委托人利益的行动。任何代理关系固然都会产生道德风险，但当由政府扮演法人企业的委托人角色，且剩余索取权具有不可转让性时，多级代理不仅将诱发更严重的道德风险，而且将使抑制道德风险的成本更高，难度更大，从而出现扩权步伐越快，国有资产流失现象越严重的局面。

首先是由道德风险所引起的国有资产流失。一旦形成代理合约，委托人通常可通过对利润、股票市场行情及直接行为的度量了解代理人行为的信息，设置激励约束机制。但是，由于委托人所承担的社会责任，委托人会向企业输入与利润最大化目标相悖的约束规则及干预价格的形式，企业利润就含有许多非经营性因素。在股市不健全及股市投机行为盛行的条件下，股票价格也不能客观反映企业的经营业绩。既然委托人很难通过利润指标和股市行情了解到代理人努力程度的足够信息，也就只能通过直接行为的度量来监控代理人行为。然而，当委托人向代理人了解有关信息时，除非通过货币支付或者某种控制工具作为刺激或代价，否则代理人就不会如实相告。获取有关信息的成本不仅高昂，而且常常并不可靠，针对代理人努力程度的信息常常包含某些误差和错误。由于信息的不对称性，委托人也难以清楚地判断某种不良后果（如企业亏损）是产生于不可抗力的因素还是代理人的偷懒行为，因此代理人很容易为自己损害委托人权益的行为寻找借口。即使委托人不惜成本获取代理人行为的信息，并据此设置激励约束机制，但由于环境的不确定性，委托人将支付很高的约束成本。当委托人难以充分了解代理人努力程度的信息，甚至常常被代理人所制造的假信息所迷惑或误导时，不仅容易滋生道德风险，而且无法对代理人为所欲为的行为实现有效的监控，从而导致国有资产的流失。例如：国有资产普遍存在账实不符问题，所有者无法控制和受益的账外资产越来越多，尤其是在境外投资活动中，隐瞒资产、化公为私的现象十分严重；低估国有资产，把部分国有资产收益变为账外收入随意开支，甚至私自分掉；不提或少提折旧，掠夺性使用国有资产；等等。

其次是由代理人与生产者利益的趋同化所引起的国有资产流失。实行多级代理后，在企业内同样存在每个要素所有者的边际生产率几乎无法测定的问题。根据阿尔钦和德姆赛茨的团队生产理论（Alchain and Dernsets，1972），为了防止团队成员出现偷懒动机和行为，就有必要从制度上将企业的产权结构化，即由检测团队各成员的监督者拥有剩余索取权，使监督者的偷懒动机变得对自己没有利，从而达到双方的激励相容性。国有企业改造为股份公司后，代理人只是公司的经营者，并不拥有剩余索取权。因此，代理人是否忠实地履行对生产者的监督职能对于保护股东的权益是极其重要的。即使为了强化代理人的监督动机而使其货币收益与企业盈余挂钩，也会因成本与收益的不对称性而使代理人同样有偷懒动机，因为代理人要为努力监督生产者承担全部成本，却只能分享很小一部分剩余。另外，国家所有制作为全民所有制的一种实现形式，生产者在理论上应是企业的主人，企业经理直接由生产者选举产生或委托人在选择代理人时听取生产者的呼声反映了这种产权制度的某些特征。当代理人的监督行为反而受到受监督对象的约束时，说明双方在利益和动机上有雷同。企业经理如果努力监督，不仅要支付很高的成本，而且可能会触犯众怒而失去职位。于是，代理人不仅会对生产者的偷懒行为采取容忍的态度，甚至会与生产者合谋共同对付国家，从而导致国有资产的流失。例如：企业留利分配向职工倾斜；增加职工的货币或实物工资；占用生产资金从事非生产性建设，提高职工的福利水平，占用国有资金创办旨在为本企业职工或职工子女谋利益的具有集体所有制性质的经济实体，却不缴、少缴或欠缴国有资产的占用费；无偿划拨国有资产设置企业法人股，低价甚至无偿分送内部职工股；亏损企业甚至用贷款向职工发工资和奖金；等等。

最后是由市场不完善所引起的国有资产流失。市场制度的建设与激励约束机制的设置对于抑制代理人的违约或欺诈行为居于同样重要的地位。市场反应会削弱或增强合同的效力的特点以缓解道德风险，这些反应取决于竞争的性质。例如，如果经济市场的竞争是有效的，则经理在任职期间如被发现有严重损害出资人利益的行为，那么他的人力资本价值就会贬值；产品市场的竞争会迫使经理努力降低成本，提高资产运营效率；资本市场的竞争会使经理时时感受到公司有被接管的威胁，经理为保住自己的职位，就会努力使企业利润最大化。目前我国的市场制度还很不完善，尤其是当国有企业还没有成为真正的市场竞争主体时，市场的发育更是显得步履艰难。在以上条件下实行剩余索取权与控制权的分离，一旦委托人放松控制，代理成本就会上升；一旦通过建立详尽的契约关系来监控代理人的行为，约束成本就会上升，其结果都难以抑制国有资产的流失。

（2）多级代理下国有产权保护的两难选择。

为了防止多级代理下国有资产的流失，就必须对国有产权实施有效的保护。除了出资人对代理人的行为进行监控外，现代社会中确认和保障产权最高和最完备的社会契约形式，就是以国家机器为物质基础的法律体系。法律制度对产权的保护是通过强制惩罚一切破坏现有产权关系的行为以及由此产生的威慑力量来实现的。国家既依法拥有国有资产的所有权，又履行着产权界定和保护的职能，受国有产权固有属性的影响，国家在实施国有产权保护时将会遇到诸多的两难选择。

第一，国家在界定和保护产权时的两难选择。国家通过产权的界定和保护要实现的目标是双重的：一是通过降低交易费用使社会总产出最大化；二是通过形成产权结构的竞争与合作的基本规则使国家的垄断租金最大化。正如诺思（1991）所指出的："在使统治者（和他的集团）的租金最大化的所有权结构与降低交易费用和促进经济增长的有效率体制之间，存在着持久的冲突。"国家若要避免国有资产流失，就必须确立排他性产权。但若以产权明晰化思路推进国有企业改革，必将面临竞争约束和交易费用约束。当面临竞争约束时，国家将力图避免既得利益集团的财富或收入受到产权的不利影响，而无视这种产权结构对效率的负面影响，以避免政治支持率的下降。当面临交易费用约束时，国家将尽可能选择费用低、难度小、见效快的改革思路。因为有效率的产权结构所产生的潜在收益存在时滞，国家必须在短期内为此支付大量的交易费用，这就受到了可支配财政收入规模的约束。当有效率的产权结构在双重约束下迟迟不能形成时，随着代理关系的引入，国有产权的保护就会遇到严重的制度障碍（杨瑞龙，1994）。

第二，剩余索取权不可转让条件下的国有产权保护的两难选择。国有资产的流失总是与代理人道德风险的存在相联系，但在剩余索取权不可转让的条件下，缺乏足够的激励约束手段来抑制道德风险。首先，如果代理人是风险中性者，可以赋予代理人完全的剩余索取权，使其承受完全的风险。当代理人的偷懒动机变得对自己利时，道德风险也就失去了存在的条件。但是，它是以出资人出让剩余索取权为前提的，这不仅会挫伤出资人的积极性，使国有制名存实亡，而且可能会刺激代理人做出过度冒险行为。如果由代理人与委托人分享剩余索取权，则因利益与风险边界的不确定性而仍然难以解决道德风险问题，即一项剩余分享的合约可能劣于一方单独索取剩余的合约（张维迎，1994）。其次，根据投票权与剩余索取权相匹配的原理，由拥有剩余权的风险承受者来投票选择与约束企业经营者有助于克服道德风险（Harris and Raviv，1989）。在多级代理模式中，代理国家拥有决定企业经理人选及企业重大决策权的投票人既不享有剩余权，也不承担投票风险，从而难以避免投票人不负责任地投票、为满足个人利益而投票，甚至与代理人合谋投假票，其结果都将使国有股权益受损。把剩余权赋予投票人固然有助于抑制道德风险，但有悖于国有产权的性质。最后，通过中止合约可对代理人侵蚀国有资产的行为实施有效的惩罚和威慑，但它要求剩余索取权能自由转让，这又会突破改革基本约束条件。

第三，多级代理下所有权约束的两难选择。代理关系下的所有权约束实际上就是通过设置一个激励约束系统，使代理人对个人效用函数的追求转化为对出资人效用函数——企业利润最大化的追求。由于国有制条件下的多级代理没能通过剩余索取权与控制权的分离塑造出承担财产风险的主体，以及受政府约束的国有资产管理机构目标多元化，所有权约束染上浓重的行政干预色彩。这样，资产局在保护国有产权时将陷入两难困境：强化所有权约束，如操纵股东会，控制董事会的组成，干预经理的决策，决定企业的经营方针等，固然可以通过限制代理人的自主决策达到减少国有资产流失的目的，但这种约束会强化对企业的行政干预，抑制企业的活力，其结果是导致企业效率的损失；如果弱化所有权约束，则会因难以解决代理人的道德风险问题而无法避免国有资产的流失。

5. 结语

由对国有制条件下多级代理关系的理论分析，可推导出若干简短的结论。

第一，由于国有产权的固有属性，试图在国家不放弃剩余索取权的条件下，通过多级代理完成国有企业的股份制改造，可能既因为它无法实现政企分开和确立法人财产权而难以使国有企业成为真正的法人实体和市场竞争主体，又因为国有产权得不到有效保护而难以避免国有资产的大量流失，最终将使国有制名存实亡。由此可见，这种流行的改革思路既不利于坚持公有制，也不利于建立有序化的市场经济体制。

第二，证明国有产权与市场经济的冲突性并不是要否定国有企业存在的必要性。恰恰相反，国有企业在社会主义市场经济中所起的作用具有不可替代性。因为国有产权的国有特性有助于突破私人企业的利润限界，提供私人无力或不愿生产却为社会所必需的产品。克服由外部性引发的市场失灵，实现某些社会目标，从而可最大限度地发挥市场经济的积极功能，而政府对企业的控制以及剩余索取权的不可转让性正是国有企业发挥以上功能的优势所在。也就是说，国有企业的优势不在于进入市场，而在于弥补市场的缺陷。让国有企业纯粹以盈利为目标参与市场竞争实际上是舍本求末，到头来既难以重塑适应市场经济要求的微观基础，又丧失了国有企业在纠正市场失灵中的积极作用。

第三，在界定国有企业在市场经济中的地位和作用的前提下，就可针对不同类型的国有企业选择不同的改革思路。提供公共产品（如城市自来水及煤气、邮政电信等）的企业宜选择国有国营模式，即政府不仅拥有剩余索取权，而且直接经营企业，以实现社会福利最大化；垄断性企业（主要是基础工业和基础设施）宜选择国有国控模式，即使这类企业改造成股份公司，国有股也应占主体地位且一般不能转让，以保持国家对垄断企业的最终控制权，企业在追求利润的同时，有义务贯彻国家下达的特定社会目标，以优化资源配置；竞争性国有企业宜在非国有化前提下改造成以盈利为目标的现代公司制度。非国有化意味着可通过剩余索取权的转让和所有权主体的重塑实现政企分开和产权明晰化，使追求利润最大化的企业可以完全进入市场。

第四，竞争性国有企业的非国有化自然包含一部分企业通过拍卖、股权转让而演变为民营企业，但并非意味着全盘私有化。我们也可以通过寻找其他公有制的实现形式完成非国有化的过程，如企业相互持股、机构持股、职工持股等。至于如何在以公有制占主体的条件下，通过竞争性国有企业的非国有化建立适应市场经济要求的企业制度，还需在理论上和实践中进一步探讨。

参考文献

ALCHIAN A, DERNSETZ H, 1972. Production, information costs, and economic organization［J］. American econonic review(62)：777

ARROW K, 1985.The economics of agency［A］//PRATT J, ZECKHANSER R. Principals and agents: the structure of business. Boston: Harvard Business School Press:37–51.

HARRIS H, RAVIV A,1989.The design of securities［J］. Journal of financial economics(24):255–289.

JENSEN M C, MECKING W H,1976.Theory of the firm:managerial behavior, agency costs, and capital structure［J］.Journal of financial economics, 3(4): 305—360.

科斯R，1990．企业、市场与法律［M］．盛洪，译．上海：上海三联书店.

科斯 R，1992．生产的制度结构［J］.银温泉，译．经济社会体制比较（3）：56–60.

诺思D C，1991.经济史中的结构与变迁［M］．陈郁，罗华平，等译．上海：上海三联书店.

杨瑞龙，1994．论我国制度变迁方式与制度选择目标的冲突及其协调［J］．经济研究（5）：40–49.

张军，1994．社会主义的政府与企业：从“退出”角度的分析［J］．经济研究（9）：72–80.

张维迎，1994．西方企业理论的演进与最新发展［J］．经济研究（11）：70–8.

我国制度变迁方式转换的三阶段论

——兼论地方政府的制度创新行为①

杨瑞龙

内容提要：本文通过考察具有独立利益目标与拥有资源配置权的地方政府在我国向市场经济体制过渡中的特殊作用，提出了中间扩散型制度变迁方式的理论假说，并做出了以下推断：一个中央集权型计划经济的国家有可能成功地向市场经济体制渐进过渡的现实路径是，由改革之初的供给主导型制度变迁方式逐步向中间扩散型制度变迁方式转变，并随着排他性产权的逐步确立，最终过渡到需求诱致型制度变迁方式，从而完成向市场经济体制的过渡。

在中国渐进式改革的初始阶段，权力中心是改革的倡导者和组织者，权力中心的制度创新能力和意愿是决定制度变迁方向的主导因素。这样一种供给主导型制度变迁方式具有纵向推进、增量改革、试点推广、利用已有组织资源推进改革等特征，它在以较低的摩擦成本启动市场化改革方面发挥了重要的作用。但由于这种制度变迁方式的内在规定性，从理论上说，它在完成向市场经济体制过渡方面存在一系列难以逾越的障碍（杨瑞龙，1994）。然而，不容否认的事实是，中国的市场化改革在不断深化。本文所要关注的问题

① 原文发表于《经济研究》1998年第1期。

是，当自上而下的改革面临障碍时，是哪些利益集团在市场取向的改革中扮演着“第一行动集团”的角色？为解答这个问题，本文把具有独立利益目标的地方政府引入分析框架，提出了中间扩散型制度变迁方式的理论假说，并描述了我国在向市场经济过渡中制度变迁方式的转换将依次经过供给主导型、中间扩散型和需求诱致型制度变迁三个阶段。

1. 中间扩散型制度变迁方式:一种新的理论假说

（1）自上而下的供给主导型制度变迁方式与诺思悖论。

制度是为决定人们的相互关系而人为设定的一些规则，其主要作用是通过建立一个人们相互作用的稳定的（但不一定是有效的）结构来减少不确定性（诺思，中译本，1994）。产品和要素价格、市场规模、技术等的变化，会打破原有的制度均衡，出现新的获利机会，从而产生制度需求。如果组织或操作一个新制度安排的成本小于其潜在制度收益，就可以发生制度创新。至于一个社会通过何种制度变迁方式来获取这一潜在的制度收益，则主要受制于这个社会的各个利益集团之间的权力结构和社会偏好结构。

在特定的路径依赖下，我国在改革之初选择的是供给主导型制度变迁方式，其特征是：①权力中心凭借行政命令、法律规范及利益刺激，在一个金字塔型的行政系统内自上而下地规划、组织和实施制度创新；②尽管潜在制度收益的出现会诱发微观主体的制度需求，但只有当权力中心的制度创新收益大于其成本时，实际的制度变迁才可能发生；③权力中心为制度创新设置了严格的进入壁垒，即其他利益主体只有得到权力中心的授权才能进行制度创新（杨瑞龙，

1994）。若要以这种制度变迁方式完成向市场经济的过渡，必将遇到一个难以解开的诺斯悖论，即权力中心在组织和实施制度创新时，不仅具有通过降低交易费用实现社会总产出最大化的动机，而且总是力图获取最大化的垄断租金。这样，在最大化统治者及其集团垄断租金的所有权结构与降低交易费用、促进经济增长的有效率体制之间，就存在着持久的冲突，从而当权力中心面临竞争约束和交易费用约束时，会容忍低效率产权结构的长期存在（诺思，中译本，1991）。诺思悖论在供给主导型制度变迁方式中表现为制度变迁方式与制度选择目标之间的冲突。因此，在一个由权力中心的制度供给意愿和能力主导制度变迁方向的框架内，为完成向市场经济的过渡，将因难以解开诺思悖论而面临一系列很难逾越的障碍（杨瑞龙，1994）。

（2）“自下而上”的需求诱致型制度变迁方式与进入障碍。

从理论上说，随着由权力中心推进的放权让利改革步伐的加快，利益独立化的微观主体具有利用下放的决策权捕捉潜在制度收益的动机。然而，在权力中心主导制度变迁的条件下，微观主体的制度需求能否转变为现实的制度安排，依赖于其能否从权力中心获得制度创新的特许权，或者能否凭借其讨价还价能力突破进入壁垒，因而自下而上的制度变迁同样面临着障碍。第一，担当制度创新的“第一行动集团”应是熊彼特意义上的企业家，他们能在不确定性的环境中及时捕捉到由制度非均衡产生的获利机会。但在产权关系模糊的条件下，微观主体或因收益预期不明确而不能及时感知这一获利机会，或因不能排除免费搭车者而不愿从事充满风险的制度创新活动。

第二，以自愿性契约为基础的制度安排是相互同意的个人之间的合作性安排，任何人都可以通过比较一项新制度安排的预期净收益，自主行使进入或退出权。但由于我国的制度创新方案是根据权力中心的目标函数和约束条件来评估和选择的，因此即使微观主体感知到获利机会，如果没有权力中心的许可或授权，就既不能自主进入可能导致自身利益最大化的制度创新，也难以退出由权力中心做出的制度安排。

第三，自下而上的制度变迁可能会受到现有宪法秩序的限制。宪法秩序直接影响行为人进入政治体系的成本和建立新制度的难度。由于在现有宪法秩序下微观主体难以承受进入政治体系的成本，既得利益格局对新的立法阻力过大，或者微观主体的制度需求与现存法规相冲突，因此微观主体的自发制度创新活动会受到限制。

第四，自下而上的自愿性制度安排暗含了决策必须一致同意的假定，但由于存在外部性、不确定性等因素，它不一定能导致集体行动（奥尔森，中译本，1995）。这些障碍因素可通过集团内的说服、谈判从而达成一致同意的契约来克服，但由于高昂的交易费用，微观主体常常知难而退。

（3）中间扩散型制度变迁方式与诺思悖论的解开。

在自上而下的渐进改革的条件下，解开诺思悖论的突破口可能是介于个体的自愿牟利行为和完全由权力中心控制之间的集体行动，即在微观主体之间的自愿契约与权力中心的制度供给行为之间，存在一种既能满足个体在制度非均衡条件下寻求最大化利益的要求，又可通过在与权力中心的谈判和交易中形成的均势来实现国家的垄断租金最大化的制度变迁方式，实现向市场经济的渐进过渡。实施这一集体行动的主体便是组织。所谓组织，是指在既定制度规则下寻求自身利益最大化的政治、经济、教育等团体。在现有约束所致的机会集合下，有目的创立的组织是作为制度变迁的代理人角色出现的，当出现获利机会时，具有充分谈判力量的组织就会利用政治来实现最大化目标（诺思，中译本，1994）。

在以私人合约为基础的分散化决策中，市民社会之间制度化的协商和谈判既能协调各种私人权威，又能监督、约束、抵制和对抗国家可能出现的侵犯行为，从而这种超越个体水平上的集体行动可同时增加国家守护旧产权形式的成本和保护新产权创新的收益，直至重新建立国家获取租金的合约结构，使国家租金最大化与保护新产权之间达成一致（周其仁，1994）。在实施供给主导型制度变迁方式的条件下，由于权力中心在制度安排的博弈中处于支配地位，以微观主体为基础的集体行动因谈判力量的弱小或外部性问题而难以突破由权力中心设置的制度创新进入壁垒。

然而，随着放权让利改革战略和“分灶吃饭”财政体制的实施，拥有较大资源配置权的地方政府成为同时追求经济利益最大化的政治组织。地方政府经济实力的提高所引起的谈判力量的变化引发了重建新的政治、经济合约的努力。当利益独立化的地方政府成为沟通权力中心的制度供给意愿与微观主体的制度创新需求的中介环节时，就有可能突破权力中心设置的制度创新进入壁垒，从而使权力中心的垄断租金最大化与保护有效率的产权结构之间达成一致，化解诺思悖论。这样一种有别于供给主导型与需求诱致型的制度变迁方式，我把它称为“中间扩散型制度变迁方式”。

2. 地方政府在中间扩散型制度变迁方式中的特殊功能

（1）地方政府成为中间扩散型制度变迁方式中的“第一行动集团”。

在诺思的制度变迁模型中，国家理论和产权理论是两大支柱。在国家理论中，诺斯抽象掉了地方政府行为，集中考察国家与产权主体在制度变迁中的博弈过程。这一理论假说很难真实地描述我国现阶段的制度变迁过程。事实上，随着放权让利改革战略和财政“分灶吃饭”体制的推行，地方政府具有了独立的行为目标和行为模式，从而在向市场经济的渐进过渡中扮演着主动谋取潜在制度净收益的“第一行动集团”的角色。

在实行统收统支的财政体制下，地方政府的行为特征类似于尼斯卡宁的官僚经济模型（Niskanen，1978）。在这一模型中，官僚所追求的效用函数，如津贴、权势、声誉、产出与管理的复杂程度等与预算规模正相关，而官僚机构的预算来自中央政府。所以，地方政府的首要目标就是通过与中央政府讨价还价不断扩大预算规模，膨胀行政机构。由于官僚机构在双边垄断关系中具有明显的信息优势，因此常常能获得他们所希望的最大化预算。

实行市场取向改革以后，地方政府的目标函数和约束条件发生了重要的变化。一方面，实行“分灶吃饭”的财政体制后，地方政府的预算规模主要取决于以下两个因素：一是与本地经济发展水平相联系的财政收入规模；二是中央和地方分享财政收入的比例。由于分享比例经过一对一谈判已预先确定，且5年不变，因此地方政府可支配财政预算规模直接与本地社会总产出水平正相关。权力中心在下放财权的同时，也下放了部分事权，如地方政府要为当地的居民提供公共产品以及为市场化改革提供必要的保障等。当地方政府以预先确定的比例包干财政收支时，它就不再仅仅是一个纵向依赖的行政组织，已逐渐成为一个具有独立经济利益目标的经济组织。另一方面，改革之初推行了行政性放权战略，即权力中心根据决策权重要性的不同，把一部分经过选择的决策权下放到地方或部门，这使拥有较大资源配置权的地方政府获得了实现地方利益最大化的手段。而价格的逐步放开及相当一部分生产资料直接进入市场，使地方政府有可能凭借经济实力争夺稀缺资源。

随着行为模式的变化，地方政府具有追求本地经济快速增长以及响应获利机会进行制度创新的动机。地方政府作为一级行政代理人，可以利用政治力量主动地追逐本地经济利益最大化，因此相对于微观主体有更强的组织集体行动和制度创新的能力。

（2）非平衡改革战略下的潜在制度收益与地方政府对制度创新进入权的竞争。

经济利益独立化后的地方政府具有通过制度创新来营造有利于本地经济发展环境的动机，但这种创新需求并不是容易被满足的。因为在供给主导型制度变迁方式下，权力中心通常依据社会总产出与垄断租金最大化的双重目标制订制度创新方案，并一般偏好于选择利用已有的组织资源推进改革的非平衡改革战略，即就改革的空间来说，采取先试点后推广的策略；就改革的时间安排来看，从增量改革推进到存量改革。获得改革优先权的试点单位通常可以在承担较小改革成本的条件下获得双重收益：一是由优惠政策带来的额外收益；二是改革先行一步的体制优势带来的制度收益。进入壁垒的存在，使这些收益具有垄断租金的性质，获得该租金的必要条件是从权力中心那里获得制度创新的优先权或进入权。

显然，个人或企业试图直接突破由权力中心设置的制度创新进入壁垒是很困难的，只能通过其所隶属的上级主管部门向权力中心间接提出其制度创新的需求。相反，地方政府作为纵向制度安排的行政代理人，既有动机也有能力为谋求有利于当地经济发展的制度安排而与权力中心讨价还价。

地方政府主要可以通过以下途径获得垄断租金的制度创新进入权：一是地方政府通过正式渠道（如会议、汇报、文件等）或非正式渠道（如游说、找关系、走后门等）向权力中心传递反映本地利益的制度创新需求，并力图使这一需求转变为权力中心的正式制度供给方案，从而直接获得进入权。二是改革方案形成后，地方政府为获得含有垄断租金的改革试点权而展开竞争。能否优先获得进入权，既取决于权力中心所认同的改革方向，又取决于地方政府讨价还价的实力和技巧。三是没有获得进入权的地方政府会通过变通的方式，以能否实现本地利益最大化的标准理解和实施权力中心的改革方案，使实际的制度安排或多或少偏离权力中心的制度供给意愿，从而变相获得进入权。四是采取先斩后奏、暗中模仿试点单位或另辟蹊径的做法突破进入壁垒，获取潜在制度净收益。

（3）地方政府自发的制度创新的事后追认。

变迁一般是指对构成制度框架的规则、准则和实施的组合所做的边际调整（诺思，中译本，1994）。由地方政府自主实施的制度创新能在多大程度上背离权力中心的制度供给意愿，还要视正式制度规则的变通余地而定。由于正式规则的实施是需要支付成本的，因此在边际上正式规则不起作用。巴泽尔认为，没有绝对的权利，规则总有变通的余地（Barzel，1992）。这里所要关注的问题是，当地方政府自发的制度创新需求与权力中心的初始制度供给意愿不一致时，地方政府是如何在给定的体制条件下突破权力中心设置的进入壁垒的？权力中心为什么会从最初容忍到最终追认地方政府自发的制度创新活动？解开这一谜底，对于把握中国向市场经济过渡的特殊路径不无益处。

地方政府通过突破进入壁垒获取制度收益的能力与其谈判实力有关，而这种实力又与当地的经济发展水平及体制环境有关。在给定的条件下，地方政府通常采取以下途径从事自发的制度创新活动：①先做不说。为了谋求有利于本地经济发展的制度安排，地方政府或者通过采用改头换面、变通、重新解释等方式理解和实施上级的文件精神，使本地的实际制度安排偏离权力中心的意愿制度供给，变相获得制度创新的进入权；或者通过找关系、走后门来打通有关“关节”，使管制进入权的“关键人”对地方政府的自发制度创新活动采取“睁一只眼、闭一只眼”的态度，从而悄悄地突破进入壁垒；或者玩弄文字游戏，尽量使当地的自发制度安排与当时的政策条文不发生冲突，从而避开上级政府对进入权的管制。②做了再说。自发的制度创新刺激了本地的经济发展。随着经济实力的增强，地方政府开始有意识地通过各种渠道来“说”自发的制度创新的绩效，希望通过制造声势和既成事实来获得上级政府的认同，争取正式的进入权。采取的方式通常有：邀请名人来访，由名人之口来“说”成绩；利用新闻媒体宣传当地的经济绩效；请名家写书或作文，总结自发的制度安排的成功经验；召开新闻发布会或参加相关的正式会议，主动介绍当地的独家创造；主动向上级领导汇报；等等。③领导批示或题词，由“地下”转入“地上”。上级领导对于地方政府从事的制度创新能否被正式认同具有至关重要的作用。因此，地方政府会想尽办法让上级领导在正式或非正式的场合表态，使其悄悄干的事合法化，如请上级领导来当地视察，邀其题词，或向上递报告，争取上级领导的赞同批示，然后对外宣传上级领导的题词和批示。④“先养儿子，再领结婚证”。地方政府未经授权实施的制度创新一开始是个“私生子”，尽管它可能已获得上级或媒体的赞许，但如果报不上“户口”，其实施的新产权规则就得不到国家的保护。因此，地方政府会以增缴部分收益增量为代价，通过各种关系补办“结婚证”，为“私生子”报上“户口”，使其自发的制度创新获得权力中心的正式认可。

权力中心在多大程度上能容忍乃至追认地方政府的自发的制度创新行为，除了取决于地方政府基于经济实力的谈判能力外，还有两个因素。一方面与权威扩散化程度有关。所谓权威扩散化是指下级政府利用上级政府授予的权威去做并未授权于它去做的事情（林德·布洛姆，中译本，1992）。在自上而下的制度变迁中，正式制度规则的实施成本与权威扩散化程度成正比。显然，行政代理层次越多，地方政府的经济利益越独立化，其讨价还价的能力越强，实施正式规则的成本就越高，提供给地方政府在正式规则的边际上发挥作用的空间就越大。这就是越是经济开放和发展的地区、越是低一级的地方政府，其自发的制度创新能力越强的原因所在。另一方面，它还取决于地方政府为追求潜在制度收益而逐渐改变的制度结构中，权力中心从中获得的收益是否大于维持对进入权的管制的成本。当地方政府愿意用上缴部分额外收益来换取上级的事后追认，而权力中心为保护旧的产权结构的成本大于其从新产权规则中获得的收益时，权力中心就会容忍和追认地方政府为追求更多的生产性利润所从事的制度创新活动。这验证了所谓的“无名氏”定理，即当统治者发现给予臣民们更多的自由能激励出更多的财富，并且分给统治者的增加了的财富可以抵销统治者放弃独裁所增加的不安全感时，臣民的自由便会经双方约定而增加。（汪丁丁，1995）

3. 从中间扩散型制度变迁方式向需求诱致型制度变迁方式的渐进转换

（1）地方政府制度创新的效率导向。

尽管地方政府在实施制度创新时同样会面临诺斯悖论，但在中央与地方的财政收入分享比例已定的条件下，不仅地方政府追求可支配财政收入最大化目标依赖于企业利润最大化目标的实现，而且地方政府的垄断租金最大化目标（主要表现为职位的升迁、权力的稳定性、对资源的支配力以及灰色收入等）的实现也与本地的经济发展水平息息相关（官员在任期间本地经济上不去就可能丢官），这又依赖于企业的扩张和效率的提高。因此，地方政府在界定和保护产权时更偏重于效率，并通过追求效率获取垄断租金，从而有助于化解制度创新中的诺思悖论。

在通过行政性放权让利推进市场取向改革的条件下，市场竞争首先表现为地方之间的竞争，然后才表现为企业之间的竞争，即地方政府将努力凭借其行政权力及经济实力助本地企业一臂之力，从外部吸引稀缺资源，并帮助推销本地产品。地方政府的这种市场竞争行为具有两重性：一方面，它具有地方保护主义倾向，在本地尚无能力突破权力中心设置的制度创新进入壁垒而处于明显的竞争劣势时更会如此；另一方面，它又会充分利用各种政策创造优惠的投资环境，吸引资源的流入。

显然，地方政府为了在与其他地方的竞争中吸引更多的资源，刺激本地的经济发展，除了要求上级给予优惠政策外，也具有通过突破制度创新进入壁垒构建一个相对有效率的产权结构的动机，期望通过有效的产权保护和良好的投资环境吸引外资与内资的流入，通过明确微观主体的投资收益预期激励其创造更多的生产性利润，从而扩大地方政府的剩余分享额。当这种由地方政府推动的制度创新有助于激励行为人创造更多的生产性利润时，社会中的特殊利益组织或集团的寻利活动未必像奥尔森所推断的那样，一定会降低社会效率和总收入（奥尔森，中译本，1993），也可能引起帕累托改进。

（2）地方政府与企业之间的合作博弈及市场主体的培育。

在权力中心对制度创新的进入权进行管制的条件下，尽管地方政府与企业之间在决策权的分享及剩余索取权的分配方面存在冲突，但在如何争夺与优先进入权相联系的垄断租金方面存在很强的相互依赖性。地方政府对企业的依赖性表现在，地方政府的讨价还价能力及政绩显示信号在很大程度上取决于当地的经济实力，而这种实力又是由当地企业的市场竞争力来体现的。只有当企业的利润目标和扩张动机得以实现，才可能推动本地的经济发展和增加财政收入，从而有助于实现政府的垄断租金最大化目标。企业对地方政府的依赖性表现在，正式的制度安排是通过纵向隶属的行政系统实施的，地方政府在这一系统中扮演着行政代理人角色，企业作为这种制度变迁方式的间接谈判者，可以通过地方政府向上级传递其制度创新的需求，但它没有能力直接突破权力中心设置的进入壁垒，获取潜在的制度收益。因此，企业常常需要借助当地政府的力量来满足自己对制度创新的需求。

这种相互依赖性使地方政府与企业在自发的制度创新过程中合作多于冲突，他们走的是一条双方合作、共同与权力中心讨价还价突破进入壁垒的道路。地方政府常常成为当地企业的代言人，在企业改革试点权的获得、自主权的扩大、利润分享比例的提高、负担的减轻等方面与上级讨价还价，希望通过为企业的发展创造更好的环境来提高本地的经济实力，增加可支配财政收入，向上级显示其良好的政绩。例如：在招商引资和横向联合中，地方政府扮演了选对象、送聘礼、订婚约的角色；在市场竞争中，地方政府充当了本地企业的保护神；地方政府会帮助企业获取竞争制度创新的优先进入权；地方政府会向银行施压，帮助企业融资；等等。企业则为当地经济发展目标的实现提供财力、物力和人力的支持。因此，企业领导人通常与地方政府官员有着密切的公务和私人联系。

这种合作博弈的实质就是企业在地方政府的帮助下，通过突破进入壁垒获得潜在制度收益，进而使地方政府也分享这一收益。潜在制度收益实际上是一种在已有的制度安排中经济主体无法获得的外部利润，它通常由规模经济、外部经济内部化、对风险的分散与克服、交易费用的转移与降低等带来的（诺思，中译本，1994）。显然，外部利润的获得依赖于制度创新，其关键就是要确立排他性的产权，明确微观主体的收益预期。因此，地方政府与企业合作突破进入壁垒的过程实际上是通过明晰产权关系实现外部利润内部化的过程，它客观上推进了企业向自主经营、自负盈亏的市场竞争主体的转变。这就是在改革先行地区，企业产权制度改革总是先行一步，企业捕捉盈利机会的能力强一些的原因所在。

（3）向需求诱致型制度变迁方式的转换。

当制度变迁由命令控制转变为谈判协调时，地方政府在我国向市场经济体制过渡过程中事实上起到了中间扩散新制度规则的作用，从而将产生双重效应：一是由优先进入权带来的垄断租金将诱发地方政府的寻利活动。只要一地突破进入壁垒，其他地方就会群起模仿。随着进入壁垒全线被突破和垄断租金的消失，权力中心在制度供给中的主导地位就被弱化了，它主要起到事后追认由地方政府和企业合作实施的制度创新行为的作用。二是制度创新的中间扩散过程实际上是确立排他性产权的过程，即通过明确微观主体的收益预期实现外部利润的内部化，使地方政府和企业分享的剩余额同时增加。一旦企业获得了较大的自主权，就希望限制政府干预其自主捕捉市场盈利机会的行为，包括制度创新活动。地方政府尽管仍然具有控制企业的动机，但随着排他性产权的确立，地方政府控制企业的成本非常高，而采取“无为而治”的策略反而可以增强企业的活力，地方政府也可从中分享更多的剩余。从利益最大化原则出发，地方政府会约束不合理的行政干预。一些改革步伐迈得较快的地区在产权制度改革到一定阶段都提出了“小政府、大社会”的口号，政府职能的转变明显要比改革相对滞后的地区快，这证实了上面的推论。

随着地方政府的逐步退出和排他性产权的确立，制度变迁是否发生，主要取决于参与创新的个人或团体在制度非均衡条件下是否能捕捉外部利润的预期收益和成本。显然，当微观主体的制度创新需求不再需要通过地方政府间接显示就可以转变为权力中心的制度供给时，创新者为使新的制度规则被接受和采用而进行讨价还价以达成一致意见的组织成本和谈判成本将明显下降。只要它能克服创新过程中的外部性的“搭便车”问题，这种制度变迁方式就是有效率的。由于权力中心从微观主体从事的制度创新中可获得更多收益，因此权力中心逐步变为仅仅充当新产权关系的界定者和保护者，并通过重建获取垄断租金的新的合约结构，使权力中心垄断的租金最大化和保护新产权之间达成一致。

当建立在排他性产权基础上的微观主体成为制度变迁的“第一行动集团”时，我国的制度变迁方式就由中间扩散型向需求诱致型转变，即个人或一群人在给定的约束条件下，为确立预期能产生自身利益最大化的制度安排和权利界定而自发组织实施制度创新。制度变迁方式的转换与体制模式的转变具有内在的关联性，体制模式的转变要求制度变迁方式做出相应的转变。需求诱致型制度变迁方式与市场经济的内在要求具有一致性。因此，这种制度变迁方式的转换，无疑将推进我国向市场经济体制过渡。

4. 结语

本文考察了在放权让利的大背景下，当自上而下的改革面临障碍时，可分享剩余索取权和拥有资源配置权的地方政府在一定阶段扮演制度变迁“第一行动集团”角色对于推进我国市场化改革所起的特殊作用（在存在进入壁垒的渐进改革的条件下，它的正效应明显大于负效应，所以本文重点分析了它的正效应），并试图得出以下的理论推断：一个中央集权型计划经济的国家有可能成功地向市场经济体制渐进过渡的现实路径是，改革之初由供给主导型制度变迁方式逐步向中间扩散型制度变迁方式转变，并随着排他性产权的逐步确立，最终过渡到与市场经济内在要求相一致的需求诱致型制度变迁方式，从而完成体制模式的转变。

参考文献

林德布洛姆C，1992．政治与市场：世界的政治——经济制度［M］．王逸舟，译．上海：上海三联书店.

诺思DC，1991．经济史中的结构与变迁［M］．陈郁，罗华平，等译.上海：上海三联书店.

诺思DC，1994．制度、制度变迁与经济绩效［M］．刘守英，译．上海：上海三联书店.

奥斯特罗姆V，菲尼D，皮希特H，1992．制度分析与发展的反思［M］．王诚，等译．北京：商务印书馆.

林毅夫，蔡昉，李周，1993．论中国经济改革的渐进式道路［J］．经济研究（9）:3–11.

奥尔森M，1995．集体行动的逻辑［M］．陈郁，郭宇峰，李崇新，译．上海：上海人民出版社.

奥尔森M，1993．国家兴衰探源：经济增长，滞胀与社会僵化［M］．吕应中，陈槐庆，吴栋，等译．北京：商务印书馆.

杨瑞龙，1993．论制度供给［J］．经济研究（8）：45–52.

杨瑞龙，1994．论我国制度变迁方式与制度选择目标的冲突及其协调［J］．经济研究（5）：40–49.

杨瑞龙，1998．我国制度变迁方式转换的三阶段论——兼论地方政府的制度创新行为［J］．经济研究（1）：3–5.

汪丁丁，1995．经济发展与制度创新［M］．上海：上海人民出版社.

周其仁，1994．中国农村改革：国家和所有权关系的变

化——一个经济制度变迁史的回顾［J］．中国社会科学季刊（夏季卷）：61–84

NISKANEN W A, 1978. Non–market, decision making: the peculiar economics and bureaucracy［J］. American Economic Review, 58(2): 293–305.